抢占心智

江南春◎著

产品与品牌快速崛起的引爆打法

中信出版集团 | 北京

图书在版编目（CIP）数据

抢占心智/江南春著. -- 北京：中信出版社，
2018.9（2024.12重印）
ISBN 978-7-5086-9057-5

I. ①抢… II. ①江… III. ①企业管理－市场营销学
IV. ①F274

中国版本图书馆CIP数据核字（2018）第109058号

抢占心智

著　　者：江南春
封面摄影：潘石屹
出版发行：中信出版集团股份有限公司
（北京市朝阳区东三环北路27号嘉铭中心　邮编　100020）
承 印 者：北京盛通印刷股份有限公司

开　　本：880mm×1230mm　1/32　　印　　张：9.5　　字　　数：121千字
版　　次：2018年9月第1版　　印　　次：2024年12月第15次印刷
书　　号：ISBN 978-7-5086-9057-5
定　　价：58.00元

目 录

第2章 抢占消费者心智 / 035

只有拥有了人心，占据了用户的心智，品牌才能够长盛不衰。否则，即使花费无数钱财，让品牌的广告挤满大街小巷，也终究只是昙花一现。占据人心，不仅仅需要战略，更需要战术。

第3章 选择和优化渠道 / 077

如果一家企业市场推广的预算足够多，做广告时可以使用多个媒体渠道；如果预算没有那么充足，不如去赌其中最有可能性的那一个，将其做到极致。

今天的传播就是两个方向：拥抱变化和赌对不变。当所有内容都转向移动端后，我们就必须要学会创造内容，创造话题，融入内容，融入话题，才能聚集流量引发爆点，让自己的产品、品牌深入人心。

在“营销定位实验室”中，江南春为学员详细讲述了品牌从0到1，再从1到无穷大的常规路径与特殊打法，并且通过现场教学与互动，在完善商业模式的同时，帮助学员解决实际遇到的各种品牌与营销难题，让抢占心智从理论形态完美落地。

推荐序

我们向江南春学什么

创业黑马创始人、董事长　牛文文

江总是最受黑马欢迎的导师之一，几乎每一期黑马营他都来讲过课。他给黑马讲课的这些年，分众本身也经历了一段令人目眩的发展，从美股退市后又在A股上市，聚焦深耕于一块电梯屏。

有时候我会想，是什么让江南春在如此繁忙的工作中，还能够抽身连续多年给黑马讲课。当然，他本身是一位有诗人情怀的企业家，对于创业者，对于同样文人出身做创业服务的老牛，也充满了情怀。他喜欢黑马，爱给黑马讲课，也希望老牛的创业服务事业能够不断发展。

同时，这些年分众已经成为新一代创新公司的集中展示地，而黑马正好是一个创新公司云集的平台。我觉得，是这些充满创新活力的年轻创业者在吸引着江南春。

“黑马们”对江南春也充满期待与热爱。除了黑马营的每期讲课，江南春还有两个重要的黑马身份，一个是黑马会的会长（从2015年起）。当年我带着十几位黑马优秀学员，一起去上海拜访江总，邀请他担任黑马会会长。江总请大家吃了一顿饭，席间提出了一个要求，他希望黑马会能成为中国第一大创业社群，成为拥有十万会员以上的创业社群，希望黑马能举办万人规模的黑马大课，希望黑马变成一个百亿规模基金的创投平台。他开玩笑说，如果让他当黑马会会长，老牛和这些黑马副会长必须要有这样的社群雄心。那顿饭，大家吃得激情洋溢。江总出任了黑马会会长，黑马也从那时起开始了自己的快速发展。很惭愧，到今天江总提出的目标还没有完全达成，但基于庞大的黑马社群，创业黑马公司在2017年登陆创业板，成为中国创业服务领域的第一股。我相信，黑马明星会长们和我一样，还会为江总提出的使命继续奋斗。

江总在黑马社群的第二个身份，是首位开设黑马创业实验室的企业领袖。2016年，我想在黑马成长营的基础上，推出一款私塾性质的、师徒制的创业实验室产品。当时第一个就找了江总，尽管非常繁忙，他还是答应了。这个创业实验室的名字就叫“营销定位实验室”。他向20个弟子系统传授了他的营销定位思想体系和方法论，并且帮助其中大部分学员梳理了他们的定位策略。老实说，正是经由江南春的这个实验室，我才对分众的聚焦战略、对定位理论产生了深刻印象。后来我们把他的实验室成果整理成书，就是今天这本《抢占心智》。

“与显而易见的真理反向走”，既是江总对于分众成功创业史的总结，也是分众服务大量创新公司客户的心得。这些东西跟黑马创业者相互激荡，形成了一套比较完善的差异化定位竞争方法论。在“双创”热火朝天的这些年，创业者受风口论、平台思维、豪华创业的影响比较大，但真到了“下半场”，大家才清醒过来，不管风口还是平台，一家公司能否在市场竞争中站住脚，最终还是要看产品、看营销、看营收，甚至看利润。这些企业竞争的基本功，反而是那些互联网公司特别需要补上的一课。江南春自称是定位理论的信徒，他的现身说法深刻影响了黑马社群的创业者，帮助他们形成了黑马的共同底色——深耕产业、重度垂直、天地融和，既有互联网思维，也有落地赚钱的能力。也正因此，黑马创业者总体上跑赢了这些年的冷热大势，开始集中冲刺资本市场，仅2017年一年就有五家黑马公司登陆中国的主板、创业板和美国的纳斯达克。黑马社群成员的整体创业失败率大大低于社会平均水平。

让商业智慧在一代企业家和一代创业者之间薪火相传，发扬光大，提高中国社会的创业成功率，是我创办创业黑马这个平台的出发点。在此，我要特别感谢以江总为代表的这批企业家的热心参与和无私奉献。

希望创业者都来读读这本书。

自序

与显而易见的真理反向走

16年前，在创建分众的前一年，我第一次接触到“定位理论”。特劳特先生的一句话——“与显而易见的真理反向走”，给我留下特别深刻的印象。特劳特先生在《定位》一书中举了哥伦布的例子：别人都是往东寻找印度，哥伦布却往西寻找，虽然他最后没有找到印度，却发现了新大陆。其实，无论向西走发现什么，哥伦布都会是第一个发现者，他的历史地位由他与别人反向走决定。

之后的十多年间，我常常重读这本书，每次都有全新的体会，也都会记录一些心得，并在此后的公司和业务发展过程中获益良多。

事实上，在分众建立之初，关于机会的寻找，我就用到了特劳特先生所说的“与显而易见的真理反向走”。

当时，媒体行业“显而易见的真理”就是大众媒体，而我们的公司叫“分众”，就是要做细分的传媒。媒体行业有句话叫“内容为王”，以好的内容作为吸引，让受众一不小心撞到广告。我不擅长做内容，于是我开始思考能不能换一个角度，以渠道为王——霸占一个特殊的时间和空间，在这个时空中受众闲着比看广告更无聊，那么广告就成了内容。

我们顺着这个思路开始了之后的实践。2003年分众传媒成立，并在2005年7月成功登陆美国纳斯达克，成为第一家在美国上市的中国广告传媒公司；2007年，分众入选纳斯达克100指数；2015年，分众回归A股，市值过千亿元，成为中国传媒第一股；2017年，分众实现全年营收120亿元；2018年，分众市值突破1800亿元，入选中国大陆民营上市公司市值20强。

15年中，分众以电梯媒体为主业，成功开创和推动了一个品类。今天，宝洁、联合利华、通用、奔驰等超过5400个品牌都选择投放分众媒体。根据BrandZ全球最具价值中国品牌百强排行榜，阿里、腾讯、京东、滴滴、蒙牛等中国前100名品牌中，有81个选择分众。分众媒体已经成为品牌高频触达和引爆城市主流人群的基础设施，以及线下流量的核心入口。

我相信，在未来，分众仍可以心无旁骛地将业绩做到300亿元、500亿元，成为全球最大的电梯媒体集团。我们定位于此，专注于此，我们想把这件事做到极致。

近几年，我也在很多场合谈论过定位营销，谈论过定位理论之于当下中国商业的意义。我深深觉得，绝大部分的中国品牌同质化严重，无法激发消费者的欲望，仍在踯躅于促销战、价格战，这直接导致了企业利润的摊薄，导致了无法进行产品的创新和品牌的打造。

中国商人都很推崇《孙子兵法》。《孙子兵法》里讲“道、天、地、将、法”，每一个因素都很重要，但排在最前面的是“道”，也就是人心。在今天，所有竞争的核心不是生产端，不是渠道端，而是消费者的心智。如何找到自己独特的价值，如何先于竞争对手占领消费者的心智，这些问题都可以从定位理论中找到启发。

在中国新经济转型的今天，企业面临两种选择，要么留在同质化价格血战的沙滩上，要么学习星巴克这样优秀的企业，奋力长出品牌的翅膀。这是一个痛苦和焦虑的过程，但也是企业通过在消费者心中找到差异化价值、创建品牌优势转型升级的必经路径。

我每年都会接触大量的企业案例。我认为中国企业凡是成功的，一定是找到了差异化定位，同时抓住了时间窗口，采用饱和攻击，占据了心智优势，引爆了主流人群。

在分众的电梯媒体上，每年都会开创许多从陌生到被消费者熟知的品牌，而这些脱颖而出的品牌的共通之处，就是成功地实践了定位理论，占据了消费者的心智。

未来十年，将是以主流用户需求为中心的创新时代，是以争夺用户心智为中心的品牌时代，消费升级的浪潮将让低价低质的竞争不再可行。没有任何侥幸，缺乏创新和品牌的企业将被淘汰。在这样的大环境中，定位理论对于企业生存发展的意义将格外凸显。

我常常对同事说，分众的使命和担当是什么？我想，是帮助更多的企业在纷扰和转型中脱颖而出，变得与众不同；是帮助更多企业通过创新找到差异化的优势，在消费者心智的窗口期，运用分众媒体这一最具主流人群引爆力的平台，把这种差异化与一个品类画上等号，独占消费者的心智产权，形成护城河。

2016年，我的老朋友创业黑马董事长牛文文邀请我在黑马学院开设了一个小班制的课程，叫“营销定位实验室”。很荣幸，我跟这个班的20位创业者深入探讨了定位理论在当下商业环境中的实践，彼此都得到很多启发。创业黑马有记录和出版黑马学院导师商业思想、案例的传统，并已经形成一个书系，他们希望我也加入进来，让更多的创业者能分享我的经验和思考。

这也是我出版这本书的初衷，希望可以帮助企业真正从同质化转向差异化，从价格战转向价值战。

有人说成功需要大势，需要风口，但我认为更大的成功需要挑战，需要变革，需要残酷的竞争。我庆幸自己遇到了一个最好的时代，在无数新的挑战、变化的背后，也蕴藏着无穷的机会和更多的可能性。这是这个时代的迷人之处。

第1章

打造企业的护城河

无论对于企业还是产品，定位都是最核心的问题。定位不光要了解市场，更要了解用户、了解自己。只有拥有明确的目标、与众不同的思考，才能够在如今的时代中脱颖而出，无往不利。

差异化定位：与显而易见的真理反向走

人生应该以服务为目的，而赚钱只是结果——这是我的座右铭，同时也是我为自己定下的目标。我觉得每个人都应该想着去为社会创造一些价值、为用户创造价值，这是最基本的一点。但是，就连我自己也常常会在这条路上走偏，这时候如何重新回到正轨，找到自己的定位就变得十分重要了。

对于绝大部分人来说，“定位”是一个既熟悉又陌生的词语。之所以熟悉，是因为在我们的人生中，每个人都会对自己的定位进行无数次的思考。而陌生感，则是来源于它的变幻莫测，千人千面。正是这样一个老生常谈的词语，却关系着市场中所有人的生死。定位对于任何一家企业来说，既是取胜之道，亦是生存之本。

我对于定位的大部分认知，来源于2002年读到的美国营销大师艾·里斯与杰克·特劳特所创作的《定位》一书。正是这本书，让我得以触摸营销史上最为著名的定位理论。在接触到《定位》一书后，我感觉自己仿佛触碰到了一扇崭新的大门，书中的很多观点都和自己心中的想法不谋而合。但不同的是，在此之前我并没有将这些散落在脑海中的感触进行系统的思考，并整理出完整的方法论，而《定位》无疑帮助我解决了这个问题，并且给了我更多的感触。事实上，特劳特先生的“与显而易见的真理反向走”，就是所谓的“差异化定位”。

创业是时下中国的一大潮流，在我看来，创业要想成功，就在于能否简单说出你的差异化，找到容易表达的竞争优势。简而言之，就是一句话说出让用户选择你而非选择别人的理由。

以手机行业为例，在苹果一家独大的市场格局下，OPPO手机的差异化是“拍照很好的手机”，vivo手机的差异化是“音乐手机”，金立手机是“超级续航手机”，小米手机是“性价比很高的手机”，而华为手机说自己是“商务手机”。

与之形成明显反差的是联想。联想手机经常说自己有三大优势和七大卖点，但在我看来所谓三大优势就等于没有优势。虽然联想手机确实存在优势，但是如果不能将其用精辟的语言表达出来，就无法像利剑那样直击消费者心智。事实重要吗？重要，但是认知才是真正的事实。

孔子曰：温故而知新，商业理论同样如此。我习惯在闲暇时间将脑海中的固有理论进行梳理。神奇的是，同样的理论在不同阶段进行温习，都会给我全新的感受。从一开始的凡事一律特立独行、不走寻常路，到总结出一套完全属于自己的商业世界观、价值观，每一次的积累都让我兴奋不已。其实，这也同样是分众传媒从创立到逐渐壮大的心路历程。在分众人眼中，如果说在央视的黄金时段打广告，能够让10亿人看3遍，那我们想做的就是让1亿人看30遍。

其实，所谓的差异化定位是一种方法，而不是一种叛逆的态度，并不是说凡事都要逆势而为才能够取得成功。对于我而言，成功的定位营销是要找到一个新的角度，开辟一个新的领域，在一片没有人经过的荒野中走出一条新的道路。这也正是分众的理念和存在的意义。在中国商业这片日益激烈的战场上，只有时刻保持创新的思维，才能生存下去。

比如在其他人都将全部精力放在内容上时，我们却选择了做渠道。这不是孤注一掷的莽夫行为，而是深思熟虑的创新想法，后续的结果也证明了分众当年决定的正确。

我们还发现了另一个当时广告主非常在意的广告点：地理位置。仿佛户外广告就必须在上海徐家汇、北京国贸等繁华商业区占据最显著的位置。但是，当我们在2002年想去做户外广告的时候才发现，徐家汇的广告已经被塞满了，那些黄金位置早就已经被别人占据了，这让我们看上去无路可走。

这时，我们自然又想到了“与显而易见的真理反向走”这句话。我们不再坐在那里去观察一个地理位置的好坏，即放弃了从地理位置解决问题，而选择了从人的角度出发进行思考。因为所有人的生活都有一定的规律和轨迹，所以我们就在想能不能利用这些规律和轨迹，让广告和人们频繁相遇。于是，电梯的创意诞生了。

我觉得我们找到了一个核心场景，这个核心场景每个人都必须经过——公寓楼和写字楼的电梯口。在这个核心场景当中，诞生了各种各样的消费决策。阿里巴巴、京东等电商平台的数据显示，中国绝大多数的电商流水产生于早上10点、下午3点和晚上9点这三个时段。这三个时段说明了什么？说明大家早上9点钟到了办公室，回完邮件之后开始买东西；下午2点左右回到办公室之后，3点开始买东西；晚上回到家七八点钟洗完澡之后躺在床上，九十点钟又开始买东西。

在得出这个结论之后，你会发现中国人最核心的消费决策，都发生在公寓楼和写字楼。无论消费者在上下班的路上做什么，他们都很难做出真正的购物决策，只有回到家或办公室这个他们无比熟悉的环境中，才能真正做出付钱消费的决定。

这是一条全新的道路，我们将目光放在了消费者决策的核心场景上。不管是在分众创立之初，还是如今移动互联网的下半场，这条全新的道路都让我们集中引爆了中国两亿都市主流消费群。

可以说，差异化定位给了分众传媒很大的帮助，而我们也因此进行了很好的实践。分众创立短短两年之后，便在2005年成功登陆了美国纳斯达克证券交易市场，成为第一家在美国上市的中国广告传媒公司。

在分众走过的这十几年中，大部分时间我们都是只以电梯媒体为主营业务，后面我们还做了影院媒体。如今，我们已经覆盖了150万个电梯媒体终端。分众过去的平均增速达到了56%，一共有5400多个客户，而最近几年，我们已经开始在有效地收缩客户了。

用户认知是企业的终极战场

如今的企业家面临的最大问题是视角——企业视角和用户视角。所谓企业视角，是指从企业的角度来看产品，每一件产品都是它们的生命，所以大多数企业都希望能够将产品的所有特点、优点一一告诉用户。然而，如果我们站在用户的立场上进行思考就会发现，其实企业的存在可有可无，用户需要的只是能够满足自己需求的产品。举个最简单的例子，小明想吃炒鸡蛋，他需要的只是鸡蛋这个产品，不会在乎鸡蛋产于哪只母鸡，即使知道了也记不住。这就是用户视角，也可以称为用户认知。

两种视角的天壤之别，导致了一种奇怪现象的产生——当我们用企业视角打量竞争对手时，往往可以发现它们的产品中存在很多不足，但最后用户却被竞争对手的个别优势吸引走了目光。以下是我经常给身边人举的一个例子，放在此处颇为合适。

> 很多男人都有这样的困惑：自己的事业已经略有小成，有钱有闲，在品位、性格等方面也都还不错，为什么还是有很多女生不喜欢自己？这个疑惑也一度困扰着我。不过我很快想到了答案：很多女生喜欢的就是帅哥，这是客观事实，我们不能被自己的主观思维迷惑。

当企业在市场上取得成功之后，有很多企业家会将之归功于生产技术比别人先进、产品品质比别人卓越等主观因素。这些优势或许确实存在，但在用户的眼中并不是最重要的，甚至很少用户会注意到。消费者在资讯不对称又缺乏专业判断能力的情况下，根本无法准确认知技术和品质的好与坏。那么，企业真正的优势是什么？换种问法，在中国要想赢得商战，核心要素到底是什么？

其实，如果我们回顾中国改革开放之后的商业历程就会发现，商战的核心要素早已发生了翻天覆地的变化。定位理论将竞争划分为三个维度：产品、渠道和心智。根据这三个维度，我将改革开放之后的企业竞争划分为以下三个时代浪潮。

产品为王时代

在改革开放后的第一个10年里，商战的核心要素是生产端。中国第一批富起来的人基本都集中于广东，当时的中国首

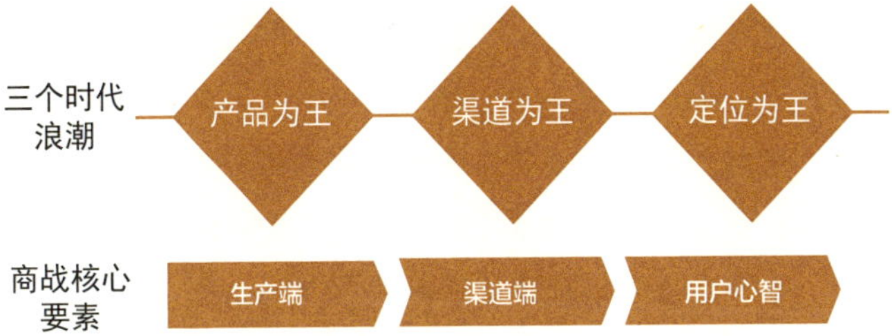

中国商战的时代浪潮

富也出自广东，原因何在？当时中国市场处于严重的商品短缺状态，只要有货就不愁卖，广东商人最厉害的地方在于他们通过“三来一补”①，将生产端的优势牢牢握在了手中，开中国制造之先河。那时候谁能接到单谁就能赚钱，不用担心生产不出来，即使只有1万吨的产能，接10万吨的单也没有一点问题，马上可以层层分包出去。

渠道为王时代

15年之后，浙江人接掌了首富宝座。彼时企业竞争的维度已经从生产端转到了渠道端，只要你能够把渠道做深做透，做到每一个“毛细血管”，你就能赢得商战。渠道为王的说法由此而生。

---

① 三来一补，即来料加工、来样加工、来件装配和补偿贸易，中国在改革开放初期尝试性地创立的一种企业贸易形式。

渠道为王的时代有两家典型企业——娃哈哈和乐百氏。乐百氏花了很多钱请国际营销服务机构对其进行包括广告在内的整体包装，却在渠道上输给了娃哈哈。娃哈哈建立了供销联合体，与经销商分享利益，把产品迅速卖到千家万户，延伸到每一个零售终端。因此，娃哈哈那时不管卖什么都能迅速上量，就连非常可乐这样的产品，在其渠道强力推动之下，一年也能卖到70亿元。

可惜好景不长，一个新的时代很快来临。越来越多的消费者通过美国的文化输出，了解到可口可乐才是正宗的可乐，在心智上完成了预设，只等着可口可乐进入中国市场。不久，可口可乐和百事可乐接连进入中国，并在很短的时间内完成了渠道下沉。一个有趣的现象就此而生——可口可乐和百事可乐的渠道下沉到哪里，非常可乐就从哪里消失。很快，非常可乐从一年销售70个亿的体量，萎缩到只有几个亿。

定位为王时代

时至今日，天猫、京东等公司应运而生，在移动互联网、大数据和人工智能技术的支持下，它们重构了渠道结构。无论你想在网上买哪个品牌的哪件产品，最后买不到的可能性基本为零，渠道端的传统优势被此起彼伏的互联网浪潮慢慢消解。

事实上，当今的消费者在选择任意一种产品时，都会面对很多的提供者。那么，在同质化现象普遍存在的过剩经济时代，什么才是商战的核心要素呢？答案显而易见：差异化。每个品牌都必须回答一个问题：你如何简单地说出产品的差异化，说出让消费者选择你的产品而不选择其他品牌的理由。

前面提到的产品竞争和渠道竞争，都是物理战场上的竞争，很容易被竞争对手模仿甚至超越，目前还没有被充分认识的就是这个心智战场。定位理论的根本就是利用心智规律操控用户认知，从而创建认知优势。竞争的核心已不在生产端，更不在渠道端，而在用户的心智中。

“缓解轻度疲劳和饥饿的饮料”是君智咨询公司的谢伟山老师为香飘飘品牌重新制定的独特定位。“小饿小困喝点香飘飘”这句广告词帮香飘飘开创了很多场景。因为饥饿和疲乏是每个人都会产生的感觉，无论是工作、熬夜还是看球时，甚至是午餐后都很容易出现。因此，当香飘飘奶茶与这些场景结合在一起时，销售量自然会开始攀升。“采用新西兰奶源·印度红茶”、“一年12亿人次在喝”等定位，也会增加消费者对产品的信任与依赖，提升用户黏性。

当越来越多的产品进入市场时，你就会发现，其实所有竞争的核心、前线都在消费者的脑海中。这时，能否说出自己产品的差异化，能否让用户说出选择你而不是选择他人的理由，就变得非常重要了。你如果无法让自己产品的名字在消费者的心智中与消费画等号，那么你将很难在消费者市场中生存下去。

所以，企业经营的最终成果应该是用户认知，因为有认知才能有选择，用户的认知成本才是企业经营的最高成本。你必须在消费者的心智中留下一个清晰的词，这取决于你的产品的利润率、品类和特性。

《孙子兵法》中有这样一个观点："胜兵先胜而后求战"。这句话的意思可以理解为：不要轻易发动战争，但如果战斗打响，就要确保胜利。那么，在商战中你要如何保证自己一定能够取得胜利呢？我认为可以用5个字来进行概括：天、地、将、法、道。

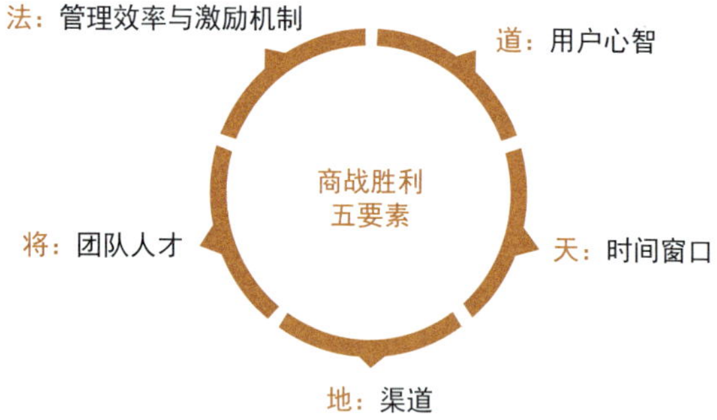

心智战争制胜法宝

天，指的是天时，放在中国的企业中，我们将之称为时间窗口。

地，指的是渠道，也就是要看经销商的能力是否强大，能否覆盖更加广阔的区域。

将，指的就是人，也就是公司中的各个团队。

法，指的是运营管理的效率与激励机制。

最后一个，也是我认为最重要的，就是**道**。道是前提，也是这场商战的根本。“得道多助，失道寡助”，其实道指的就是用户心智。

占领用户的心智是一场硬仗，“没有中间商赚差价”的瓜子二手车，就是与那些线下二手车交易市场、4S店中间商打擂台。而这句广告语颇有些“打土豪分田地”的味道，足以挑动起用户的心智力量。以弱胜强最大的特点不是你有多强，而是你能挑起多少消费者的心智。当你陷入人民战争的汪洋大海时，战争就已经结束了。道就是人心，就是互用的心智力量，这是如今这个时代最为重要的事情。

品牌是一切战略的核心

当人们购买洗发水时，如果想要去头屑，会先想到海飞丝而非宝洁。对，顾客不用知道宝洁。人们自然交流的情形通常是这样的：当某人看到他人买了一样东西，会问是什么品牌，不会在乎是哪个企业生产的，这就是用户认知。提到品牌，下面这个可口可乐的故事可能很多人都听过。

> 如果可口可乐的所有厂房被一把大火烧了，只要三个月的时间就可以重建。银行会争着为可口可乐贷款，供应商会争着赊销原材料，经销商会排着队等着提货，消费者也会等着买恢复生产后的可口可乐。甚至于如果缺人，在劳动力市场上可口可乐也具有一呼百应的号召力。

当然这只是一个假设，并没有真实发生。让我们来看看现实生活中的另一个可口可乐传奇——王老吉。

大家都知道王老吉和加多宝的纠纷（商标之争），广药集团打赢了商标官司，将王老吉商标重新纳入囊中，但是没有人、没有工厂、没有渠道……什么都没有，一切从零开始。他们5个人的团队，三个月内就招到了3000人，然后到处找工厂、建工厂。

几年下来，王老吉已取得接近70%的市场占有率，远超竞争对手，成为不折不扣的品类领先者。这就是典型的品牌效应，也是可口可乐传奇故事的现实版复制。

类似这样的案例不胜枚举，它们都是将企业制胜的关键点聚焦于品牌上。其实品牌的概念很简单，就是品类或者特性的代表。提到美的，人们会想到空调、电饭煲、风扇；提到海尔，人们会想到冰箱、洗衣机；提到格兰仕，人们一定会想到微波炉，所以它投了几十亿做空调，结果失败了。美的虽然做了很多东西，但是大家总体上还反映它是一家空调企业。

用户认知决定了企业的盈利能力。在一个有着巨大容量的行业里，全行业的利润就集中在少数有品牌的企业上。绝大多数的品牌不挣钱，90%的企业都是在毁灭价值。市场调研公司Counterpoint Research发布的最新报告显示，2017年第三季度，苹果公司在每部iPhone手机上的利润为151美元，利润率虽然从2016年同期的86%下滑至60%，但依旧控制着智能手机行业超过一半以上的利润。IBM（国际商业机器公司）在鼎盛时期占据了主机行业95%的利润。阿里巴巴也许占了超过全球电商零售行业利润的100%，因为其他电商加起来都是亏损的，至少在中国如此。

西南航空是美国航空业的传奇，从成立第二年盈利之后一直没有亏损过。即使在“9·11”事件发生后，很多美国人都不敢坐飞机时，西南航空也依旧保持着强大的盈利能力。在很长的一段时间里，这家企业的利润超过了整个美国航空业的利润总和。

做个假设，如果特斯拉被比亚迪“山寨”了，而且比亚迪“山寨”的水平很高，品质比正品还好，比亚迪能够卖到正品的价钱吗？答案无疑是否定的。这就是品牌的力量。很多奢侈品的山寨货，高仿得连正牌厂家都分不出来，但是只能卖到正品1/10的价格。

生产皇冠可乐的加拿大COTT公司曾经委托哈佛大学做了一个实验：对可口可乐、百事可乐和皇冠可乐进行盲测，结果顾客普遍认为皇冠可乐最好喝，百事可乐其次，可口可乐排名最后。于是，COTT公司

> 对这个结果大肆宣传，但哈佛大学这次实验的另一部分结果并未对外公布。盲测时确实是皇冠可乐最好喝，但是一旦贴上标签，告诉测试者这三种可乐具体的品牌后，顾客评价的结果就发生了巨大变化，大家一致认为可口可乐最好喝。

真正的品牌，能够在用户心智中实现预售，在顾客还没有看到产品的时候就已经确定要选择谁了。

> 举个例子，在小区门口的小卖部里，你指名要买罐王老吉，店家即使没有把它摆在货架上，而是摆在角落里，也得给你拿出来。但如果品牌没在顾客心智中实现预售，那顾客就会在货架上东看西拿，这时左右顾客选择的是货架，而不是品牌，即货架创造了顾客。
>
> 说到货架，沃尔玛的货架和大润发的货架效果差距显而易见，顾客首选的必然是沃尔玛。这里又是品牌在起作用，因为沃尔玛的品牌更能创造顾客。

作为一个不能创造顾客、不会被顾客在心智中优先选择、无法实现预售的品牌，无疑会被渠道盘剥得很惨，要交诸如进店费、条码费、上架费、堆头费等各种费用，这便意味着一个新的品牌已经很难在传统渠道里诞生，现实就是这么残酷。

我曾在长沙的万达广场看过这样的场景：一个店面从外部被围了起来。万达广场方对此的解释是：那个店面是专门为LV（路易·威登）预留的，保留期为18个月，同时补贴3000万元装修费。这是多么巨大的品牌优势。即使像外婆家这样的国产餐饮企业，商场也会补贴装修费，还会反向保底，归根结底都是因为优质品牌能够为商场创造更多的顾客。

“一流企业销售品牌，二流企业销售产品，三流企业销售劳动”。品牌对于绝大多数发展中的企业而言，是最关键的核心竞争力，是企业一切战略的核心要素。成本竞争与价格战是最低级的较量，真正聪明的企业会运用品牌抓住消费者的心，左右消费者的选择。

雅迪电动车在与爱玛电动车竞争时，最初走的也是价格战的路子。雅迪相较爱玛的规模更大，拥有比较明显的成本优势，能将电动车的价格控制在2000元左右，具有较高的性价比。但是好景不长，很快爱玛也推出了2000元价位的电动车，并且每年促销两次，这给雅迪造成了很大的竞争压力。

很多品牌在遭遇价格战时的第一反应是降价，与竞争对手血拼到底。雅迪却反其道而行之，彻底放

> 弃了价格战和规模战，选择做更高端的电动车，直接将产品的单价提升到3500元。这次变招，让雅迪赢得了巨大的成功，每年的净利润达到5亿~7亿元，不久后便在香港上市。

雅迪为什么会赢得胜利呢？特劳特先生曾经讲过一个非常重要的观点：对付价格战最好的方法是涨价。一旦将产品的价格提升，会在消费者心智中形成“高端高质”的品牌标签，而价格上调带来的毛利资源，能够为品牌带来更好的工艺和技术，赢得更好的经销商渠道和广告机会，继而坐实“高端高质”的用户认知，形成正向循环。

做透细分市场是做好品牌的关键

在如今这个多元化的社会中，不存在万能的产品和一网打尽的企业。所以，很多人都将自己定位于“小而美”。既然定位为小，就意味着放弃，意味着有所取舍。要将产品做在一个足够小的点和足够小的客户群上，并且要将它做透，做到近乎完美。

现在很多人做广告的时候都在追求“对10亿人说3遍”或者“对1000万人说300遍”。其实，如果你在用户的印象中是第一选择，那么，你对10亿人说3遍意义何在？中国大陆的市场和台湾不同，在台湾做生意就一定要面对全台湾人才行。但大陆的市场已经足够大了，你只要能够在任何一个细分市场拥有1%~5%的份额，就足以让你成长为一家市值50亿元规模的企业。

我经常说，想要在中国将品牌做好，就一定要细分市场，将其做得足够透才行。最不可取的就是像撒稻米一样，撒完以后却什么都没有看到。想要成功就一定要聚焦、精准和“分众”。

以分众的细分市场为例。当初，为了精准找到分众的细分市场，分众颇下了一番功夫，这里我们重温一下这个过程。

确定突破方向

在察觉年轻人的收视习惯发生改变、有钱人没有时间看电视之后，分众的想法也随之而变，分众开始考虑如何在一个细分市场中成为老大。央视毫无疑问是中国传媒领域的巨无霸，在分众初创时，央视的价值就已经超过了100亿元。即使是对于今天的分众来说，也依旧无法与央视正面抗衡。所以，分众要想求生存谋发展，就要找到自己的路。

央视的收视高峰在晚上，广告的黄金时段也以晚上为主，那分众就做白天；央视主要针对的是家庭，那分众就去做家庭以外的市场；央视专门针对那些有时间看电视的用户，那分众就去和那些没有时间看电视的用户做主意。

确定用户人群

在明确了自己的市场定位之后，分众又思考应该如何确定自己的用户人群。中国有近14亿人口，如果将8亿农民排除在外，就只剩下5亿的城市受众，而如今绝大多数产品都是针对都市人群的。

岁月会让人形成习惯，也会让人变得越来越“固执”，而固执的人是不太可能被品牌影响的。所以，分众将目光主要集中在了20~50岁的人群中，这些人最有可能被品牌影响，同时又拥有足够的购买力。

于是，分众又将5亿城市受众中20岁以下的青少年和50岁以上的中老年人排除在外，剩下的是3亿20~50岁的人群。而在这3亿人中，月收入在3000元以上的又剩下多少呢？只有不到2亿。这2亿人虽然在人群当中只代表了中国人口的14%，但他们却占据了城市消费的70%。于是，分众将主要的客户群体定位为月收入3000元以上的城市人群。

确定呈现方式

对于城市主流消费人群来说，看电视是几乎不可能每天都发生的事情，但是每天上班和下班的人却非常多，电梯是他们最有可能出现的地方。在我十几年前创业的时候，中国最大的改变就是城市化，而城市化最基础的设施就是电梯。如果没有电梯，城市根本就无法正常运转。电梯是城市化的基础设施之一，它代表着4个词：主流人群、必经、高频和低干扰。这4个词正是今天引爆品牌最核心和最稀缺的资源。分众的电梯媒体分布于中国150个城市，拥有150万个终端，能够做到日均到达5亿人次城市主流人群。当今中国有5亿城市人口，每天就有2亿人能够看到分众的广告，5400个品牌因此选择分众。

我将分众定位为“引爆主流，投分众”。分众电梯媒体每天覆盖的2亿消费者是20~50岁的人群，这些人正是城市中的主流消费人群。

与网络相比，分众更具有品牌引爆力。移动互联网入口多，内容信息爆炸，广告很难记忆，消费者具有主动选择权，对广告往往容易忽略。在社交媒体和新闻端，用户主要看的是内容，而广告主最应该做的是公关内容植入。

成本考量

中央电视台的覆盖是以省为单位的，对于分众这样一个新兴品牌而言，想要与市场的最主流品牌横向竞争是完全不可能做到的事情，所以我们只需要针对20~50岁的人群就足够了。

与其大而广却徒劳无功，不如将小而美做到精准、做到极致。在如今这个时代，无论是在什么样的市场中，你都不可能同时满足所有人。如果你抱着这样的目的去进行品牌和战略定位，很可能你连一个人都无法完全满足，更不用说达到极致了。所以，只有找到自己的目标，脚步才能更加坚定，才更有可能将其实现。

让定位回归常识

定位一定要回归常识，而常识就是消费者心智中已经存在的认知。现实世界只是表象，消费者心智中的认知才是真正的现实。定位要顺应消费者心智。认知和常识很难改变，要善于利用常识去建立定位。分众就是这样做的。

分众传媒是一个具有中国特色的公司，比如分众电梯口的模式，在欧美就行不通。因为欧美人的生活习惯与我们不同，楼层也比较低，电梯并不像中国那么通用。一旦电梯这条路行不通，我们的主流业务就没有施展空间了，因为连机器都挂不上去。所以这个模式非常中国化，这也就是海外没有分众这种形式的公司的原因。分众是根据中国独特的情况定制而出的，符合中国的常识。

不仅分众如此，在我们为客户进行的广告策划上，也时刻能看到常识的影子。

> 飞鹤奶粉是分众的客户之一，在与厂家开会的时候，我提出了一个问题："飞鹤的核心竞争力是什么？"
>
> 对方告诉我："飞鹤的核心竞争力是位于北纬47度的黄金奶源带。全世界最好的奶源带都在北纬47度，这个纬度的昼夜温差比较大，种植奶牛食用的苜蓿草时不需要使用很多杀虫剂。中国位于北纬47度的省份是黑龙江，那里土壤非常肥沃，种出来的苜蓿草蛋白质含量高，奶牛吃后可以提升牛奶的各种营养要素。"

这些内容无疑具有很大的竞争优势，能够提升奶粉的质量。但是，对于普通消费者来说，北纬47度的黄金奶源带很重要吗？有价值吗？想要在如今的市场上生存下去，就不要用企业视角看产品，应当忘记自己，学会通过用户视角看产品。

中国人买奶粉时首选四大国际品牌（多美滋、美赞臣、雅培和惠氏），对于普通消费者来说，荷兰、新西兰、爱尔兰和黑龙江相比，谁的技术水平更高？谁的奶源更好？飞鹤打算花大量篇幅来讲47度黄金奶源带毫无意义，因为它背离了消费者的心智。

定位理论利用的是消费者的常识，是消费者原有的认知。什么是常识，常识就是普通消费者认为其他奶源带比黑龙江好。在这样的常识下，飞鹤注定无法与四大国际品牌争锋。要想翻盘，只能反其道而行之。我们为飞鹤奶粉准备的方法是关联定位——“更适合中国宝宝体质的奶粉”。

> 在中国，做妈妈的人都知道，坐月子的时候不可以洗头发，不能吃冰块，这与美国人截然不同。在美国，女人在生完小孩两三天之后，就可以喝着冰可乐上班了，这是人种的差异。我们利用消费者这个固有认知，提出“飞鹤奶粉55年专为中国人研制”，“更适合中国宝宝体质”，试问哪个竞争对手能够模仿？美赞臣能这么说吗？不能。因为飞鹤利用了原有的用户认知，即所谓的“一方水土养一方人”。

这个广告推出后，在短短几年的时间里就让飞鹤奶粉的年销量从过去的20多亿元，跃升至2017年的70亿元，雄踞国产奶粉的头把交椅，高端产品销售增长超过200%，整体销售增长超过60%，引领了整个国产奶粉的崛起。

很多广告看上去没有效果，我认为最核心的问题是没有找到那个一针见血的点，就像闯王李自成在造反时的“广告”是“不当差，不纳粮，早早开门迎闯王”，任何竞争对手都无法模仿。

再举个例子，有很多消费者都认为人参、燕窝、鹿茸和冬虫夏草这类补品比较高档，东阿阿胶正是借力于这种认知进行了关联定位，将阿胶定位为一种珍贵的高价值补品。而东阿阿胶用户的信任则源于李时珍的《本草纲目》——滋补有三宝，人参、鹿茸与阿胶。10年的时间，让东阿阿胶从20元一斤涨到了2000元一斤，公司的市值从20亿元涨到300亿元。

当然，不是所有成功的品牌都适合效仿，比如耐克的情感广告。

“赢唔赢无人知，搏到尽我话事”，这是我于2017年10月在香港看见的一则耐克公司的粤语广告。作为一个粤语不算很好的人，在我印象中“我话事”的意思是“我很厉害，我是老大”。但这丝毫没有影响我对这句话的感受，因为还是一样的味道，还是一样的耐克，让人仅仅看到广告词就已经热血沸腾。在我看来，这是一则较为成功的广告，让一个不算太懂粤语的人，也能一眼就理解什么意思。

曾经有人问过我这样一个问题：“你会不会觉得耐克的广告始终都很老套，永远告诉你去拼去做，试图唤起人的情感共鸣？”

> 我十分认同提问者的观点，但也正是这种情感，让每个看到耐克广告的人都会产生共鸣，长久地指引每个人的价值观。在情感共鸣的基础上，耐克广告做到的是深挖每个特定素材的点，并使之贴近消费者的切入点。

耐克换着法子说出的那些话："跑了就懂"、"活出伟大"、"搏到尽我话事"……它们仿佛就是你心里想说却说不出来的话。经过品牌的提炼，用新的方式总结出来，顿时让你觉得说到了消费者的心坎里。

耐克的广告文案来自生活且高于生活，这是一种需要理解的高级情绪，而且每次都给人一种高级且正能量的价值观。耐克永远用正向的价值观引导你，激发你产生最高级的情感。对于耐克品牌的忠实粉丝或者运动员来说，这种价值观甚至是智力享受和精神崇拜，会产生最长远的影响和记忆。

需要注意的是，耐克的这种情感广告如果用于其他大部分品牌中则很难成功。这种广告是成功者的特权，相信耐克在创业时是不会用这种广告的。之所以当前情感广告开始泛滥，甚至有愈演愈烈的趋势，是因为同质化的产品找不到独特的定位，所以只能转身去追求与消费者的情感共鸣。

很多新创品牌都存在这样一个问题：喜欢用比较优美感人的广告。一个人一旦有了光环，无论说什么、怎么说都是对的，但是在你还没有光环的时候，你说了一个感人的故事，即使大家能因为感动记住了这个故事，也依旧不会用你，因为你没有给他们选择你的理由，刹那间的感动不能够改变用户的选择。台湾大众银行曾经拍过的一则名为《不老骑士》的广告就非常打动人，但结果如何？让我们一起来看看。

> 这则广告讲述的是17位平均年龄81岁的老人，如何实现骑摩托车环台湾岛一周的梦想。在这17位长者中，有2位身患癌症，4位需要戴助听器才能与人正常交流，其余的不是患有高血压、心脏病就是有关节退化等毛病。正是这样一群在常人看来行动都需要他人照顾的老人，却梦想着“征服”台湾，感受这片共生一辈子的土地。他们克服各种困难，用无惧的内心和热血的行动，完成了这个在外人眼中不可能实现的梦想。

不可否认，广告确实很感人，难道你就会因此选择大众银行吗？这种广告根本无法给消费者一个选择你的独特理由，更不要说在消费者心智中创建一个认知优势，从而获得消费者的优先选择。而“怕上火喝王老吉”、“困了累了喝红牛”、“小饿小困喝点香飘飘”、“康师傅就是这个味儿”和联邦快递的“使命必达”等，这些才是真正有杀伤力和销售力的广告。如果你不是市场中的强者，那么就要远离所谓的情感型、形象型广告。

所以，成功的定位不是只有一条道路，而是一个方向、一种思维逻辑。找到自己品牌的特性，明确细分市场，占领用户的心智，这些是企业的重中之重。而对于中国企业来说，我们一定要总结出适合中国市场的生存法则，生搬硬套国外所谓的先进理论是行不通的。

第2章

抢占消费者心智

只有拥有了人心，占据了用户的心智，品牌才能够长盛不衰。否则，即使花费无数钱财，让品牌的广告挤满大街小巷，也终究只是昙花一现。占据人心，不仅仅需要战略，更需要战术。

人心比流量重要

毫无疑问，目前的中国乃至全世界都处在一个剧烈变革和转型的时期。在这样的时代中，我们难以轻易地推演未来，但越是难以预料，我们就越需要拥有一个相对长期的视角和眼界。因为我们现在所能看到的趋势，可能不仅仅关系到10年后的局势，而是20年、30年甚至可能是50年后的未来。

如今，很多人都在讨论BAT（百度、阿里巴巴、腾讯）的巨大流量，以此得出我们正处于流量时代的结论。此言固然非虚，但我想要说的是，其实流量红利期已经结束了。流量的总体增速越来越低，成本只会越来越高。因此，在我看来，于消费者心智中抢占优势、赢得人心，远远比赢得流量更为重要。

媒体广告其实可以分成两种：一种是流量型广告，另一种可以称为认知型广告。以下分而论之。

流量型广告

流量型广告就像特效药，优点是吃了以后立刻见效，而缺点是只治标不治本，一旦病情发作还要继续吃。与此同时，流量的成本会持续不断地上涨。

认知型广告

我们可以将这种类型的广告理解为“六味地黄丸”，虽然既可治标也可治本，但要吃很长一段时间。

以上两种类型的广告各有所长，其结果就是：流量和品牌孰重孰轻成为广告界备受争议的一个焦点问题。很多人认为，品牌固然重要，但是打造品牌的时间太长了，长到让人无法“活”到那一天。虽然流量的成本会越来越高，每天都要用钱去维持，价值也难以累计，但为了能够迅速融资，还是应该把大部分的钱花在流量上，甚至美其名曰“好钢用在刀刃上”。

在这个问题上，我始终认为，再多的钱总会有花完的一天。之所以有人认为打造品牌需要的时间过于漫长，只是因为他们没有找到消费者心智中的那个定位罢了。如果你真的找到了那个点，那么就利用大规模的广告展开饱和攻击，“撕出一个口子”，创建起这个品牌在消费者心智中的认知优势。而你所能得到的将不仅仅是销售量的迅速增加，还可以从根本上摆脱同质化和价格战的恶性竞争，建立起消费者心智中的壁垒。因为消费者的认知往往是先入为主，一旦形成了就不会轻易改变。

当然，不断地拉流量，持续补贴市场，用以培养用户的使用习惯也十分重要。但是，在消费者的心智中，他们是否已经清晰了解你想要表达的品牌定位，这些流量与补贴是否有助于强化和放大对品牌的认知，才是更为重要的事情。

同时，品牌的同质化也已经成为无法避免的问题。差异化往往只能保持一时，当跟风模仿者出现时，差异化也就不复存在了。所谓的技术优势和商业模式的差异化优势等，并不能形成真正的壁垒，它们只是为你创造了一个时间窗口，让你有充分的时间将优势扩大。只有将差异化优势在那个时间窗口，用饱和攻击的榔头牢牢敲进用户的心智中，让自己的品牌成为一个新品类或新特性的代言者，才有机会建立起较深的护城河。而这条河只能存在于消费者的心智中，因为消费者的心智很难改变，而且容量有限。他们只喜欢某细分品类的第一名，因此只有第一名才能拿到市场70%的利润。如果不能做到数一数二，就很容易陷入微利甚至亏损的困境中。

我有一个很好的案例和大家分享。案例的主人公是我的“营销定位实验室”的一名学员，他做的是一对一授课的K12[①]教育。因为在本科和研究生阶段学的就是市场营销，所以他对传统的市场营销手段烂熟于心，比如报纸、百度推广和电话营销等。但此类方法的投入成本很高，并且互动性比较差，客户黏性不足，这都是导致行业利润相对偏低的重要因素。

① K12是学前教育至高中教育的缩写，现泛指基础教育。——编者注

如今，他想要利用微信、微博、QQ等社群化工具进行品牌维护和推广，实现口碑传播。从硬广告到软传播的转变过程，不仅能够降低企业成本，还能够有效地增强用户黏性，可谓益处极大。然而，他却苦于一直没有找到行之有效的方法，因此求教于我。我的建议是：

> 如今的教育行业都已向在线平台转变，比如分众的很多广告主都转向轻轻家教这类的K12市场。它们在用一种全新的模式改变市场，最后解放教师。而学生与父母的选择则以品牌为主要导向，以地理位置为辅。
>
> 比如我朋友想要给孩子找个好点的辅导班，请我支着儿时我就会说："去找俞敏洪吧，会可靠一些。"其实，俞敏洪选的教师也不一定每个都可靠，但这就是人们对新东方品牌的信任。如果一家教育机构中有一个教师拥有很大的知名度，自然会影响到消费者的选择。与此同时，这家学校离家的距离不能太远，否则孩子上学会存在安全隐患。
>
> 因此，K12的教育广告无论选择微博、微信或电梯海报等哪种方式，最核心的问题都是内容本身——能否为品牌建立强有力的信任背书。新东方起步很早，拥有不可撼动的江湖地位，这种口碑和影响力就变成了企业的品牌背书。
>
> 如今的学大教育等名字在市场中已存在很久，

想要颠覆难上加难。就像是在快消品市场中，娃哈哈的名字已经占据了所有人的心智，想要颠覆娃哈哈是件非常困难的事情。尽管如此，我依然对颠覆性的重要作用十分推崇。你应该将钱投入新的研发中去，研发出与移动互联网结合得更好的产品。这种产品改变的不仅是获客手段和成本，而是要对整个教育事业都具有颠覆性，否则将永远处于新东方之下。

移动互联网时代的到来，使得如今的信息交流越来越方便，城乡信息的差距越来越小。即使在三、四线城市，新东方这样的机构也依然拥有很大的知名度。后起的教育机构也许在三、四线城市中会有更好的竞争格局，但也一定会有很多意想不到的问题出现。否则，以新东方的雄厚财力，早就可以将这些市场全部吞食了。

所有容易想到的方法通常都不会有好的效果。好方法一定是别人想不到的，或者说是别人认为不可能实现的。就像我十几年前做分众时，我就认为自己的这个想法在很多人眼中一定是行不通的。我既要买电视机，还要付占地费，这是一种成本很高的商业模式，根本不会有其他人感兴趣，但我却从中找到了自己前进的道路。

无论是传统行业还是互联网行业，都不需要将互联网看得如何神奇，因为最关键的始终都是消费者的心智。那些成功的品牌，并不都是因为其进行了互联网的变革，而是因为它们找到了消费者心智中全新的价值与位置。

在此基础上，我针对不同行业地位的4种企业，总结出了抢占消费者心智的4种打法，分别是：封杀品类、占据特性、聚焦业务和开创新品类。在接下来的章节中，我将与您具体分享这4种不同打法。

抢占消费者心智的4种打法

封杀品类：在时间窗口内进行饱和攻击

当一个行业中没有领导品牌时，封杀同类是一家企业最正确，也是收益最高的战略思路，从而争取成为行业中的领导品牌，也就是“第一”。在这里需要界定一下“第一”的含义。在我眼中，行业第一不是看营业额与利润水平，而是指第一个打入消费者心智的品牌，例如烤鸭就吃全聚德、果冻就吃喜之郎、要租车找神州、装修就上土巴兔等，这些品牌就是它们所在行业的第一。

有一个来自营销定位实验室的案例想和大家分享。这个案例中的企业所处的行业大家都非常熟悉——宠物行业。宠物行业目前正处于持续爆发的阶段，就像是在战争年代，虽然格局混乱，但是机会很多，前景十分诱人。

来自江苏徐州的崔佳，是一名入行十余年的宠物行业资深人士。他做了两个线下品牌和一个名为“疯狂的小狗”的线上品牌，主要经营狗粮和其他关于宠物衣食住行的一系列产品。“疯狂的小狗”运营模式主要是“RP（快速成型）+互联网+社群”，目前销量是中国本土品牌的线上第一，每年营业额都能够达到3个多亿。

崔佳的这个线上品牌很年轻，比较具备互联网思维，名字也十分迎合当今80后、90后的喜好，这是“疯狂的小狗”的先天优势。当然，能够取得今天的成绩，也仰赖于他的团队强大的定位和运营能力。

• 价格亲民

在崔佳看来，很多人养狗是为了满足好奇心，即使有钱也不一定会买很贵的狗粮，因此他将“疯狂的小狗”定位为中低端狗粮，价格十分亲民。除此之外，他注意到天猫上其他品牌的狗粮都是以5公斤为计量单位，他便将“疯狂的小狗”的计量单位定为3公斤，巧妙地利用消费者的视觉差，凸显了自己的价格优势。

• 广告封杀

“疯狂的小狗”垄断了天猫商城宠物板块的广告位，封杀了其他品牌的广告，不给竞争对手和自己争锋的机会。

作为我的学生，崔佳能够取得这样的成绩，我自然十分欣喜。但是，仅仅凭借价格亲民和广告垄断的手段，并不能形成真正的壁垒。想要成功封杀品类，最重要的还是要突出品牌的特点，给消费者一个记忆点，形成一种用户认知。要想实现这一点，我建议“疯狂的小狗”回归线下，毕竟宠物行业的线上销售比例较低，只占市场总量的20%左右。因此，想要成为真正的品类第一，还是要在线下多想办法。

“第一”的评价标准

言及于此，我想说一下“第一”的评价标准，或者说如何判定品牌是否封杀了其他某个品类。这个标准涉及以下两个指标。

1. 市场份额

市场份额一定要来自权威数据的统计，不能自己骗自己。当然，有时用非权威数据进行对外宣传是传播的特殊需要，但自己一定要心中有数。统计时要注意针对的是品类而非行业，要按品牌规模统计而非企业规模统计。真正的占据心智是以品牌为单位，只有在拥有了领导品牌后，才能领导企业。

2. 心智份额

如何测试心智份额？有一个术语叫“无暗示第一提及率”。

例如，你知道哪些手机品牌？很多消费者会脱口而出“苹果”“三星”“华为”等，那么苹果就是从不同消费者中统计出的无暗示提及率最高的品牌。再比如，轿车有哪些品牌？奔驰、宝马、奥迪出现在第一的可能性比较高；超市基本上是沃尔玛的心智份额最大。我之前也养过狗，提起狗粮我第一个想到的是宝路，在认识崔佳之后我才知道了“疯狂的小狗”。那么在我的心智中，无疑宝路的份额最大。这便意味着“疯狂的小狗”这个新生品牌还有很长的一段路要走。

让我们回过头，看看神州租车如何后发先至，成功封杀租车品类。

> 神州在2010年试水租车市场时，前面已有两位行业大佬——一嗨租车和至尊租车。请注意，我说的是“行业大佬”，而不是“行业第一”，因为当时的租车市场是一个全新的市场，消费者还没来得及形成固有的品牌认知，而这正是神州租车的机会所在。
>
> 一嗨租车的创始人章瑞平在美国做租车软件出身，软件体验和消费者管控能力都明显强于其他租车企业，拥有1200辆车。至尊租车在深圳创办，是全中国第一个进入租车市场的企业，拥有1000辆车。
>
> 一个更专业，另一个更早，而神州租车是第三个进入者，既不专业也没有先发优势，只有不到600辆

车。神州租车日后取得巨大成功的最关键因素，在于它第一个抢占了消费者心智。

为了一举打响品牌，神州租车的创始人陆正耀找到了我，跟我商量对策。在深入了解具体情况之后，我问了他一个问题："你之前说一嗨租车拥有1200辆车，至尊租车拥有1000辆车，神州租车只有不到600辆车，这三个数字普通消费者会知道吗？"

他想了一下，回答我："肯定不知道。"

我笑着对他说："是的，消费者连租车是什么都不太清楚，更不会刻意将神州租车、至尊租车和一嗨租车进行比较。我们要做的只是告诉消费者，今天的中国已经有租车的企业了，要租车，找神州。"

陆正耀对我的观点十分赞同，认为对于彼时的神州租车而言，至关重要的是如何在心智窗口期让神州等于租车。因此，他做了一个当时看来十分大胆的决定——将数亿融资额当中的8000万元用于打广告，其中准备投6000万元在中央电视台，1000万元在分众，1000万元在地铁。

在听完他的想法之后，我提出了明确的反对意见："这样的广告铺开后，消费者不会有什么感觉。这种分配方案听起来很合理，但实质上没有在消费者心智中形成穿透性的饱和攻击。在中央电视台投入6000万元，可能在10年前是个比较大的数目，但现在看来跟没投一样，就像是将一瓶水倒入黄浦江，没人能够记得住。我劝你放弃这个思路，不做电视，不做互联网，只做生活空间，本地租车主打写字楼，异地租车则主攻机场，用这8000万元将主流用户群一网打尽。”

前不久我刚看了神州租车2017年的年报，公司总营收77.2亿元，净利润8.8亿元；汽车租赁收入37.9亿元，增长33%；汽车租赁天数同比增长64%，连续6个季度增长超过40%。毫无疑问，神州租车已经成为中国租车市场当之无愧的“第一”。个中关键，就是在行业缺乏领导品牌的时间窗口进行饱和攻击，第一个进入消费者心智，确立了“要租车，找神州”的用户认知，让消费者在脑子里将“神州”和“租车”画上等号。

两个关键词

这里有两个关键词——时间窗口和饱和攻击。

1. 时间窗口

技术领先、商业模式创新、规模优势等，可以为你提供3

个月、6个月，但不会超过一年的时间窗口。这段时间是你用于抢占消费者心智的时间。一嗨租车的专业程度和至尊租车进入市场的时间，分别为二者赢得了一定的时间窗口，但它们都没有抓住机会，没有及时在消费者心智中将自己和租车画上等号，白白将机会让给了神州租车，最后只能沦为陪跑者，失去了成为行业第一的机会。这样的案例，在业界屡见不鲜。

举一个瓜子二手车的例子。“个人卖家卖给个人买家，没有中间商赚差价，买家少花钱，车主多赚钱，创办一年已遥遥领先。”这是瓜子二手车的经典广告。我要告诉大家的是，他的创始人杨浩涌就是因为经常听定位课，了解了什么是时间窗口，才很快地将瓜子二手车做了起来。

其实在瓜子二手车做强时，人人车的李健就找到了我。那天已经很晚了，我对李健说：“你不是瓜子二手车，很难让消费者买账。”这句话让李健很生气，他跟我说：“我在一年多前就开创了人人车，一直在做这样的模式。”

言外之意便是，真正开创二手车网络买卖模式的根本不是瓜子二手车，而是人人车。杨浩涌是在参观了人人车之后，学到了他们的模式。然而，这样的事实对于消费者而言重要吗？相信没有人会在意模式是谁开创的。

于是，我对李健说："在中国，第一个开创某种商业模式的人未必能赢，第一个占据消费者心智的人才能笑到最后。"

从客观的角度来说，人人车的先发优势确实存在，但这种优势在消费者心智中意义并不大，消费者能够记住的是抓住时间窗口的人。

人的心智是非常懒的，容易先入为主。大家都知道第一个上天的中国宇航员是杨利伟，但是第二位呢？知者寥寥。大家都说驾驶沃尔沃汽车比较安全，但是沃尔沃真的安全吗？过去几年，沃尔沃在美国公路致死率研究、美国撞击实验和美国保险实验中甚至没有进入前三名，真正位于前几位的是宝马、奔驰等品牌。与它们相比，沃尔沃的安全系数较低，但这已经不再重要，重要的是沃尔沃在消费者心智中就等于安全。所以，事实固然重要，但是更加重要的是消费者的心智。

2015年时，饿了么创始人张旭豪来到我的办公室，和我讨论饿了么未来的发展路径。当时，饿了么的直接对手是美团外卖和百度外卖，后二者在估值和流量方面远超饿了么。流量是柄双刃剑，好处在于导流速度快，坏处则是难以进行心智转化。

我对张旭豪说："事情没那么糟，我们可以创造一个时间窗口，在这个时间窗口中冲进白领外卖市场（都市白领是外卖行业最主要的消费人群），一定要在白领心智中将'饿了么'等同于'外卖'。"

于是，饿了么在2015年6月开始疯狂打广告，从App排行榜的百名开外上升到了第20位。到了2015年7月底，饿了么以35%的市场份额保持领先，估值翻了一番，从7亿美元上升为15亿美元，这个数字在2018年3月初跃升为95亿美元。饿了么的成功，很重要的因素便是抓住了时间窗口。

2. 饱和攻击

当你拥有时间窗口时，如果没能进行饱和攻击，就会在竞争对手发力后受到压制，最终失去先发优势。所以，当时间窗口出现时，资本投入的收益就变得没有那么重要了，重要的是明白投资多少可以确保发展，然后义无反顾地去做。

赶集网和58同城两家在合并之前之所以打得你死我活，很大一部分原因在于当初赶集网创始人杨浩涌在花了一亿元宣传费收效显著之后见好就收，并没有彻底把58同城打垮。结果对方挺住了这波火力，重整旗鼓并进行了反击，这成为杨浩涌的心头之痛。所以当他做瓜子二手车时没有给人人车及其他竞争对手任何机会。用了如此多的"弹药"，杨浩涌或许会觉得浪费，或许会心疼，但是比起当初与58同城对决时的功亏一篑，如今能一锤定音直接封杀品类，相信他心中喜悦的成分会更多一些。

在谈到这个话题时，有必要强调一下创业品牌和成熟品牌的不同玩法。在与很多创业公司的交流中，我发现了一个比较大的差别，即新产品很容易走到一个坑里——学习成熟品牌的打法，而成熟品牌很容易学习新创品牌的打法。如果你不能对症下药，后果就会很严重。

比如“个人卖家卖给个人买家，没有中间商赚差价”这种句子，带给消费者的是另外一个全新的价值观以及解决方案，对消费者而言是个有用、有价值的信息，自然容易被接受、被记住。反观像海飞丝这样的成熟品牌，“海飞丝去头屑”讲100遍与讲1000遍没有太大区别，因为消费者早就知道了。

我给新创品牌的建议是：你创造了新的、有用的、有价值的模式和信息时，要用最简单、最高效的方式暴力刷屏，直接打进消费者心智，抢占别人可能抢占的位置。时间窗口和饱和攻击的力度是两个关键点，打进消费者心智之后让其他竞争者无路可走，这是创新品牌的成熟做法。

成熟品牌不要有任何商业化的意图，因为你的商业化意图谁都理解。你需要的是分享一个令人兴奋的观念，让别人记住你。当你给了用户兴奋的感觉之后，用户就会被调动起来，跟品牌之间构建的情感关联会随之发生巨大的改变。

当然，我说的成熟品牌是指那些至少创立了15年的品牌。绝大多数创业者，包括分众，更多的还是应该把自己最核心的定位传输给别人，多想想如何才能抓住你的目标受众，在最短时间内将你的定位送达消费者内心，这才是在目前阶段你最应该做的事情。

占据特性：将自身优势无限放大

封杀品类的先决条件是该行业中还没有领导品牌，那么，当行业中领导品牌已经出现，你既不是第一个进入这个行业的，也没能成为在行业混沌时期崛起的第一人，这个时候你就必须找到一个特性，并牢牢占据它。

当娃哈哈、康师傅已经占据饮料市场的领导地位时，王老吉对自己进行了全新的定义——怕上火喝王老吉。王老吉的特性从单纯的解渴变成了预防上火，在开创了一个全新特性的同时，也引爆了一个全新的市场空间。谁也不会想到，如今王老吉和加多宝会成为中国最大的饮料公司。

很多年轻朋友都使用过YY语音，这是一个很厉害的品牌。大家都知道，在中国目前还没有能够和腾

> 讯QQ相匹敌的即时通信软件，而YY语音能够被人们熟知和使用，并占领一部分市场，是件很了不起的事情。事实上，YY语音的成功正是源于它占据了通话质量更好的多人语音这一特性。毫无疑问，这是一个很刁钻的角度。而YY语音也正是依靠着自身强大的多人语音功能，迅速笼络了一大批游戏玩家的心。

找出自己的特性，才能让品牌在日益激烈的市场竞争中占有一席之地。以上两个案例都是品牌在成功挑动消费者的心智力量后发生的奇迹，这个方法对于创业型企业同样适用。

> 营销定位实验室中有一名叫赵子侃的创业者，他以前做过两家公司，分别成功地被窝窝团和腾讯收购。赵子侃最新一次的创业方向是快递业，即专门负责写字楼的快递分发。
>
> 大家都知道，因为管理的需要，大型企业的员工快递不允许送上楼，所以在很多大企业的门口都能在上班时间看到很多快递员通过电话联系员工下楼取快递。这样的情况占用了员工大量的工作时间，使其工作效率出现明显下滑，很多大型公司陆续关注到这个情况。
>
> 赵子侃的最初切入点是做楼宇的综合服务平台，他很快发现，这个切入点需要考虑的因素太多，便选

中了快递智能收发这个用户最痛的点作为自己的特性。他的核心商业模式是通过快递收发，与写字楼里的白领用户建立高频的线上线下互动，在此基础上进行其他增值服务。百度、网易、北汽集团、大唐电信、中国工商银行等公司，还有一些北京中高端写字楼都成了他的合作客户，每天快递的收发量在5000单上下。

快递业是一个庞大而又复杂的行业，从北到南巨头众多，是一个后来者很难立足的领域。但赵子侃却成功占据了新的特性——快递智能收发，终于找到了自己的生存空间。

品牌在占据某特性之前，一定要充分考虑用户认知，切勿想当然。一次失败的特性调整，会对品牌和消费者造成双重伤害。

香飘飘奶茶开创了杯装奶茶这一品类，但很快市场中便涌现出一大批杯装奶茶品牌，恶性竞争愈演愈烈。为了找到新的蓝海，香飘飘奶茶进行了一次不太成功的特性调整——冬季热饮。

香飘飘之所以打算占据冬季热饮这一特性，是希望营造出男生陪女生在冰天雪地里逛街时，为她们买上一杯香飘飘的消费场景。这种定位确实别出心裁，但我认为过于想当然，主要原因有二：

• 消费场景罕见

现在仅在冰天雪地里逛街，却不去商场购物或看电影的约会场景越来越少。而到了商场之后，很多女生会选择略带小资情调的星巴克咖啡，而非香飘飘奶茶。

• 对经营不利

香飘飘不可能只做冬季三个月的生意。假设奶茶生产需要花费三个月，促销需要花费三个月，那么这个工厂六个月就可以休息了，这对企业经营的负面影响很大。

由于事先考虑不周，这次特性调整使得香飘飘奶茶陷入市场困境，再次进行调整成为当务之急。幸运的是，这次香飘飘找对了方向。

在2015年时，香飘飘给我看了一则重新调整了品牌特性后的广告。我看到这个广告的新定位后，认为香飘飘很有可能重振雄风，那就是“小饿小困喝点香飘飘”。首先，这句广告语很顺畅，朗朗上口便于传播。其次，它开创了全新的场景，很容易让消费者产生联想：连续追了很多集的韩剧，会不会“小饿小困”？凌晨两三点钟起来看欧洲杯，会不会“小饿小困”？早晨7点还没有吃早饭就跑到办公室，会不会

“小饿小困”？

做广告的目的，其实就是希望让消费者产生条件反射。当我们占据了像“小饿小困喝点香飘飘”、“怕上火喝王老吉”这样能够让人产生条件反射的品牌特性后，就会带来全新的场景驱动，为企业赢得全新的市场空间。

具体来说，如何才能准确找到品牌的特性？当你不是老大、不是先发的时候，就要学会借力打力，因为竞争对手最强大的地方，也是他最薄弱的地方。

> 比如可口可乐最强大的是传承，那么它最薄弱的地方是什么？百事可乐就寻觅到了这个机会，借力打力，把这个百年传承变成了可口可乐的一个弱点，用一句“百事可乐，新一代的选择”成功占据市场，和可口可乐分庭抗礼。

如果说成功封杀品类的品牌是该行业的老大或领导者，那么，占据特性的品牌就可以坐上第二把交椅。通常而言，第二名不单单要防备后起之秀的追赶，还要不断地给第一名制造麻烦，从而提升自己的地位。百事可乐用的就是这种思路，“新一代”是它的特性，它既可以用这一特性保住自己的地位，同时也对可口可乐的权威发起了挑战。

当神州要做专车时，滴滴已经抢先一步封杀了品类，让“滴滴”二字成为消费者心目中专车的代名词。滴滴最强大的地方是“共享”，而神州主攻的特性是“安全”。当说到安全的时候，共享这个优点就变成了一种弱点。而这时神州专车则是要做“专业司机，专业车辆，更安全的专车”，将自己的特性定位于“更安全的专车”，成功在市场缝隙中赢得了自己的位置。

其实，占据特性就是以己之长，攻敌之短，在消费者的心中将自身的优势无限放大。尤其是在中国，面对数量如此庞大的消费者，只要你能够征服一小部分人的心，就已经能够得到非常可观的利润了。

你要了解你的竞争对手建立起了哪方面的优势，确定你要在消费者心智中种下哪一朵花。只有将这个点确定了，企业才能转型，以它作为引领自己的旗帜，然后将自己所有的资源分配到这个点上，直到穿透这个点，把这个点打进消费者的心智中。

所以，如今的企业不要奢求将自己的产品打造得面面俱到，这是不现实的。你要做的是时刻关注竞争对手的动态，找到你在消费者心智中最能够取得优势的那个点。

“饿了别叫妈，叫饿了么”，这句广告语是饿了么的经典之作，消费者在看到之后并不觉得这是一则广告，而会觉得它为自己带来了一个很有用的信息，所以很快就占据了消费者的心智。

然而，饿了么创始人张旭豪在2016年却犯了一个错误，他在分众打了一个科比的代言广告，我认为不太成功。科比当然有很大的影响力，但这个广告却没有继承饿了么的历史资产，一旦改变就会很容易出现问题。对于行业领导者而言，你的问题就是竞争对手的机会。

美团外卖很快便做出了反应，它在分众做了一个封杀特性的广告，叫“美团外卖送啥都快，35分钟就到”，将自己定位为一个更快的外卖。其实外卖就是物流公司，对消费者来说最重要的就是快。这两则广告同时出现在分众的电梯视频中，美团外卖的效益大幅度提升，营业额提升了近2亿元，而饿了么的收效却不明显。很快，饿了么又重新回到“饿了别叫妈，叫饿了么”的广告轨道上。

选择这条路的品牌还有很多。比如，大家耳熟能详的霸王洗发水，作为后起之秀，霸王显然无法和飘柔、海飞丝等品牌相抗衡，因为它无法取代后二者在消费者心目中的位置。所以，霸王另辟蹊径，选择了防脱发这条路，迅速成为脱发人群的第一选择，占据了消费者心智。

其实，占据特性并不是多么深奥的词语，但是很多人没有真正了解它。人们往往将目光放到了“占据”两个字上，其实在这两个字的背后，不是占据，而是舍弃。舍得舍得，要先舍弃才能得到。一个品牌另辟蹊径就必然要放弃一部分受众群体，企业只有勇于做出这样的选择，才能开辟一个属于自己的舞台，建立强大的壁垒。

聚焦业务：让自己更专业、更专注

在如今的商战中，虽然产品的质量和规模已经不是占据市场、征服消费者的唯一方法，但是如果一家企业、一个品牌愿意在一个领域内埋头苦干，不断地深耕，一样会有出头之日。这也是抢占消费者心智的第三种打法——聚焦业务，或者叫“工匠精神”。

定位理论中有这样的论述：“品牌应保持较为狭窄的聚焦。”特劳特反复强调了品牌聚焦的重要性，他主张真正成功的品牌应该力求在消费者心智中建立一个和其他竞争产品不同的、独一无二的形象认知，而不是为了争抢市场盲目扩大，实施多元化经营。

在雷军的互联网“七字诀”中，专注居第一位。互联网在很大程度上使人们的购物天性得到了释放，市场也开始由此变得越来越碎片化。在这样的情况下，越来越多的企业开始选择避开巨头，从垂直细分领域入手，准确把握用户需求，将有限的资源聚焦到其所擅长的核心渠道上，依托自身优势走出一条与众不同的道路。一个人一辈子只干一件事，就是了不起；同样，一个企业如果能够将所有精力全部放在对核心单品的打造上，同样是一件非常伟大的事情。这，就是专注的力量。

成立于2012年初的找钢网，是一家依靠标准创投模式成立的公司。它在全国范围内建立了营销服务网络，分支机构覆盖了全国29座城市，创建了包括北京智能中心以及长沙工业智能中心等在内的42个运营分支机构，成长速度之快令人瞠目。

回顾找钢网的发展历程，我们不难发现，“聚焦”是其非常重要的一个战略手段。找钢网创始人王东在对找钢网模式做总结时，曾对创业者建议说：“大家在创业过程当中，除了产品区域聚焦之外，还要在服务区域聚焦。”

2012年，在成立后的整整一年时间内，找钢网一直在上海发展；拿到两笔投资后，才把战场向南京、无锡等地区扩展；而第三笔投资到位后，才向长江、沿海地区布局；直到2015年初，才开始全国化以及国际化的尝试。

可以说，每一次新的融资，找钢网都会将目光对准一个产业链的痛点，然后聚焦、再聚焦，集中力量将自己擅长的问题解决后再进行下一步的规划，这就是找钢网成功最大的秘诀所在。

聚焦业务就是收缩功能圈，让自己更专业、更专注。对于任何人、任何企业来说，精力和资源都是有限的，而一个企业想要取得成功，最大的难题就是思考如何让有限的资源发挥出最大的价值，这就需要坚持“集中兵力”原则。五指伸开的力量远不如握紧成拳力量大，如果能够集合全身力量于一点，那么所创造的威力往往令人难以想象。“脉脉，专注于工作的社交App”，“界面新闻，只服务于独立思考的人群”，“上班看今日头条，加班看今日头条”，“互联网人要换工作，就找拉钩网”……这些都是非常成功的案例。

巴奴火锅创立于2001年，前期主打“本色本味”，在河南郑州的火锅市场中并无任何出彩之处。2011年后，巴奴火锅对自己进行了重新定位，将口号升级为“服务不是巴奴的特色，毛肚和菌汤才是”，聚焦于主要产品毛肚和菌汤，成功实现了扭亏为盈。

一段时间后，巴奴火锅再次对主打产品进行了改革——舍弃菌汤，聚焦毛肚。此次转变，让其一举成为能与海底捞分庭抗礼的火锅品牌。

但凡优秀的企业，往往都会通过一种鲜明符号让消费者记住。“缩小目标、分门别类、尽可能简化”，这是在传播过度的社会环境中获得成功的法宝。定位越窄，品牌越有力，消费者才能在产生某种需求时，将你的品牌作为首选。各行各业都是如此。

> 在这个话题上，营销定位实验室的创业老兵申俊有着较大的发言权。他所打造的品牌叫作“良植”，意味良心品质，植物精取。这个品牌过去叫“一风良植”，“专注草本洗发20年”。20年的说法并非空穴来风，他们团队的成员曾担任1995年成立的北京罗兰化妆品厂的董事长及厂长。良植是一风良植的进阶品牌，其产品最大的特点是安全，无化学添加物，重金属含量低于欧盟标准，安全到孕妇儿童都可以使用。

我认为良植想要打败国际日化就要依靠两点：一个是草本，另一个是安全。草本洗发只是个类别，并没有颠覆整个行业。所以，想要占据消费者的心智，就一定要让消费者提高对于洗发水安全的认知，而这正是良植20年来专注行业深耕的优势所在。

目前来看，良植已经拥有了足够的技术、渠道以及运营经验，想要卖到1000万元、3000万元甚至5000万元都不是难事。

虽然很难像行业中的领导品牌那样日进斗金，但是吸引到一大批忠实的用户还是可能的，这就是在一个行业内深耕的重要性。

需要提醒大家的是，业务聚焦绝不能盲目，企业在具体操作时应注意以下三个细节。

业务聚焦的三个注意事项

有充足的市场空间

聚焦业务的前提是市场空间够大，否则企业很可能还没上轨道就已经撞到了行业的天花板。当然，我并不是说聚焦的行业越热门越好，更不是说用户规模越大越好。既然你选择了聚焦业务，拥有百万用户就足以支撑企业的高速发展，有时候用户越少反倒越容易成功。

别选择太热的风口

在选择聚焦行业时切勿选择太热的风口，因为等你挤进去了，风口估计也成为过去时了。即使风口还在，列强环伺，鹰视狼顾，发展的过程也会艰辛很多。

2013年11月，由杨洋、朱峰和陈旭东三位前阿里员工创办的拼车服务软件爱拼车App宣布正式上线。由于创始人均出身阿里，这个具有丰富互联网工作经验的创始团队很快便吸引了众多目光，在未正式上线前就已经成功取得天使投资。一流的团队、早期充裕的资金、看起来很美好的出行O2O（线上到线下）领域……爱拼车可谓是占据了地利和人和，但是他们却忽略了一个非常严重的问题：从行业角度分析，爱拼车起步较晚，此时的出行市场已经拥有滴滴、快的和Uber（优步）等多家实力很强的企业。在竞争如此惨烈的情况下，最后加入的爱拼车很难杀出重围。

事实证明，这个说法绝非无稽之谈。虽然爱拼车也曾一度取得了飞速发展，就在其创始人还沉浸在独角兽的美梦中时，现实却给了其狠狠一击。很快，巨头们都开始对拼车业务表示出了浓厚的兴趣，更为可怕的是，滴滴与快的合并了，Uber也开始用巨额的补贴吸引用户，出行市场的烧钱大战就此拉开帷幕。在这样的情况下，没有人会在两个百亿美元巨头打仗的时候再去投资一家小公司了。2015年6月，在众多行业巨头纷纷涉足拼车领域，在滴滴、快的两大巨头合并后不久，爱拼车不得不凄凉退场。其创始人之一杨洋对外公开表示，爱拼车之死主要是因为“行业格局已定，没法玩了”。

我之所以提到爱拼车，就是想告诫所有的创业者，在进行细分行业选择时，一定要注意这个领域是否有强大的对手。否则，即使像爱拼车这样占尽了地利和人和，也可能会因为忽略了天时而最终落个凄惨收场的结局。

不要尝试进入管制太强的行业

在选择聚焦行业时还要注意，千万不要尝试进入政府管制太强的行业，因为难度太大，风险与回报不成正比。比如做互联网医疗的企业，我估计日子不会太好过。从宏观角度说，医疗牌照国家垄断，规则也在不断变化，要求创始人有极强的政治敏锐性，稍有差池便万劫不复。从微观角度说，整个互联网医疗行业错综复杂，行业门槛极高，外行人很难进入。

开创新品类：抢占市场制高点

抢占消费者心智的第4种方法是开创新品类。美国的戴维·阿克是我比较推崇的品牌管理大师，他的一句话给我留下了极深的印象：“竞争的方式有两种，第一种是做得比其他品牌更好、更受欢迎；第二种是基于品类或子品类创新，通过消费者对品牌的偏爱程度排除竞争对手。”后半句话说的就是开创新品类。

既然原有的路上已经有了先行者，那就自己开出一条路来，逢山开路，遇水搭桥，做新品类的第一人。比如，还呗开创了信用卡还款品类、九阳开创了豆浆机品类等。

以立顿袋泡茶为例，它颠覆了传统的饮茶方式，创新独立包装形式，以标准化生产打造出“袋泡茶”品类，避免了传统茶叶冲泡时间长、冲泡程序复杂、茶渣不易处理等弊端，让茶产品可以像普通的快消品一样进入现代零售渠道体系中，其便捷性深受消费者的青睐。

开创凉茶饮料新品类的王老吉，将原本只是广东等南方省份独有的、用于清热消暑且熬制过程烦琐的中草药凉茶概念，以饮料市场中的一个全新的品类形态出现，定位为“预防上火的饮料”，有效区隔市场上的其他饮料产品，并将历史悠久的凉茶变成了时尚现代的功能饮料，一举打破了凉茶概念的地域困局。

不得不提的是，在中国做生意往往存在恶性的山寨现象，只要你赚钱了，就会有无数人像鲨鱼闻到血腥一样向你游来。前两年直播比较火，各种直播铺天盖地，纷至沓来。2018年春节前后的在线答题和区块链莫不如此，让蓝海瞬间变成红海。为了防止这种局面的出现，企业必须未雨绸缪，抢占市场制高点。

飞贷就是一个很典型的例子。它最早是小型借贷公司，在2014年时，为了应对日趋激烈的行业竞争，飞贷将原有的2500名员工裁掉了2000人，只留下500人，并通过科技创新，首创了一款纯移动互联网化的手机贷款App，注册、申请、提现、还款均在手机上完成，且对全体中国公民开放。通过飞贷手机App贷款，

> 无抵押、不见面，用户在3分钟内就能最高借到30万元，这在全球都是首屈一指的，其中的科技实力不容小觑。
>
> 科技创新带来的是更高的利润率和更强的获客能力，也成功开创了手机App贷款这个新品类。此后，飞贷打出了“手机App贷款找飞贷”的口号，试图在消费者心智中将手机App贷款直接等同于飞贷。
>
> 为了防止恶性竞争，飞贷选择了在开创新品类之后，立刻抓住时间窗口进行饱和攻击，彻底封杀手机App贷款品类。从2016年2月15日开始，飞贷在分众的电梯海报和今日头条两大媒体上发动攻势，同年8月就在国家会议中心召开了发布会，业务量增长了30倍，半年用户突破300万，5个月授信额超过100亿元，一天放款1亿元。到了同年10月，飞贷的日放款额又翻了一倍，成为中国互联网贷款的领先企业。

现在看来，飞贷的做法十分明智，也给其他打算开创新品类的企业指明了方向——只要抓住新品类出现后的时间窗口，采用饱和攻击的方式攻占消费者心智，就能迅速扩大体量。除此之外，企业在开创新品类时，还需关注以下4个方面。

开创新品类的关键

恰当的品类名

要调动用户的关联认知，主动与老品类关联，如简一大理石瓷砖出现时将其定位于“长得很像大理石的瓷砖”。

新品类要找新渠道

新产品往往要找新渠道。一般而言，新渠道对产品是饥渴的，而成熟的产品或品类对新渠道较为漠视。

> 索尼最早研发出袖珍收音机时，传统收音机店都不愿意代为销售。与袖珍收音机存在竞争关系的是真空管收音机，当时已占据了主流市场的绝大部分渠道，索尼的袖珍收音机难以进入。因为袖珍收音机看起来比较低档，盈利空间小，售后利润更薄，而真空

管收音机每年都需要更换一两个价格较为昂贵的真空管。相比之下，销售袖珍收音机无利可图，渠道没有进货动力。这一问题直到索尼找到当时正处于起步阶段的平价渠道沃尔玛才得以解决，并一举颠覆了真空管收音机的市场地位。

带信任状出场

一个有名的创业者自带光环出场，不管是渠道、消费者、资本还是人才，都容易得到关注，而且往往可以克服许多全新品类容易遇到的困难。当然，大多数创业者没有这么幸运。

适度高价

对于新品类来说，用户还没有建立其基本认知，对于价格也不会过于敏感。如果是低价的新产品，很多用户会以价定质，自动将其划到低档里。另外，如果开始便走低价路线，企业利润很难保证，可能会长期处于亏损状态，除非是一出生就含着金钥匙。

特劳特先生在《定位》一书中曾经说过一句话："战术决定战略，战略推动战术。"战术就是相对你的竞争对手取得优势位置，而战略就是通过你调动公司的所有资源，让战术优势得以最大化的实现。

在分众的15年，我们成功地开创和推动了一个新品类，我们相信自己能够做成全球最大的电梯和影院媒体集团。因为我们定位于此、专注于此，我们只想将这件事情做到极致，所以不去思考和顾虑其他问题。

我觉得定位理论对这个时期的中国而言，比以往任何时期都重要。在我看来，中国所有的成功企业，实际上都做了同样的事——找到差异化定位，抓住时间窗口，采取饱和攻击，从而占据消费者心智，引爆主流人群。

第3章

选择和优化渠道

如果一家企业市场推广的预算足够多，做广告时可以使用多个媒体渠道；如果预算没有那么充足，不如去赌其中最有可能性的那一个，将其做到极致。

三“云”合一：突破移动互联网的冲击

随着时代的演变，整个中国商业都面临着巨大的挑战。我算是中国广告业的一名老兵，1992年入行，至今已经过去20多个年头。在这些年里，我经历过很多挫折，也走过很多弯路。直到今天，我也不知道什么是绝对正确的道路，但好在我已排除了无数条错误的道路，离正确稍微近一些。

我认为，对于传媒而言，移动互联网并不是一个很友善的事物。自从移动互联网兴起之后，手机成了人们必不可少的物品，变成了每个人的器官，这导致的结果是什么呢？第一，报纸业已经渐渐失去了生存空间；第二，户外的宣传也已经没有效果了。

如今，坐在车上的人们都在干什么？毫无疑问是在看手机，我就是如此。

因为工作的原因，我几乎每天都要去机场乘坐

> 飞机，有时一天需要辗转几个不同的机场。去机场的次数多，自然意味着在路上的时间比较多。以前，我很喜欢在这个时间里看路边的广告牌。看一看哪些广告是我们分众做的，哪些不是。看完之后，我会给公司的员工打电话，问他们为什么这些客户（不是分众做的广告）没有在我们公司出现。
>
> 然而，现在每次在去往机场的路上，我都会发现有很多邮件没回复，很多微博和微信朋友圈没有发。等忙完这些之后我才察觉，路上经过了哪些广告牌我并没有印象，有时连是否堵车都记不起来。

这是一个很严重的问题，意味着在移动互联网的冲击下，大家在路上用于浏览广告的时间大幅缩水了。电视行业的情况相比其他传媒稍好一些，但问题依然存在。

对原来市场上的大多数媒体来说，用户已经被慢慢稀释，分众也难以独善其身。所幸的是，分众的增长速度只是从40%~50%跌到了现在的20%~30%，仅此而已。发展得确实比之前慢一些，但还可以生存。

我一直在研究，为什么分众没有受到那么大的影响？答案有两个。一是因为在大多数的电梯门关上之后，手机就没有信号了，连电话都打不出去。从广告收视的角度来说，电梯门一关手机的宣传就结束了，大家不能看手机，只能看分众的广告。二是因为分众的广告只有两分钟的时间，人们站在电梯口的两分钟不足以让他们完成过于复杂的事情，看广告反倒比较合适。

换句话说，我们正是靠着这两分钟生存了下来。如果一个人有了10分钟的空余等待时间，传媒的作用就会大打折扣。而在我们乘坐公交车和地铁时，通常需要半小时以上的时间。在这段时间，大多数人不会选择去看广告，越来越多的“低头党”由此而生。

除了分众，受移动互联网影响较小的还有传统的卖场和电影院。大多数消费者在卖场中要推着车边看边走，这时候他们看的都是商品，很少人会在购物时还想着连接上卖场的Wi-Fi（允许电子设备连接到局域网的技术），继续浏览手机信息。电影院也是这个道理。

分众曾经开过很多次专题的务虚会，讨论移动互联网对分众而言是否存在加分、增量的机会。经过不断的研究、尝试和总结，分众找到了自己的突破口——三“云”合一。

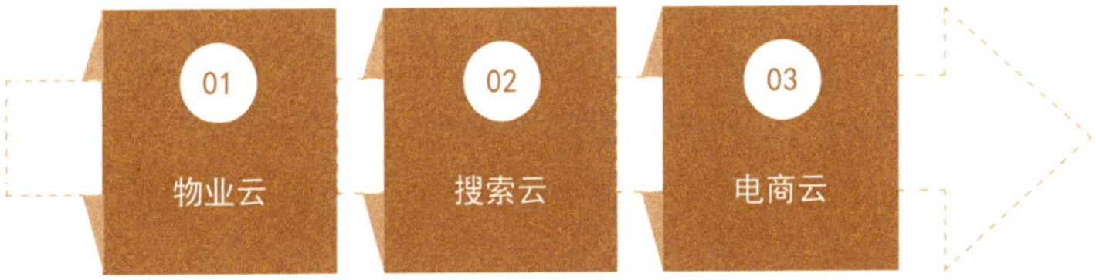

利用三“云”合一进行突破

物业云

分众曾在2009年通过目标小区的物业得到了很多关于住户的有效信息，然后我们将这些小区的生活垃圾收集整理，通过废弃包装上贴的条形码，知道了目标小区用户的品类需求和品牌偏好，进而能够有针对性地进行广告投放。

搜索云

例如百度用户，70%都是通过手机进行搜索，而用户的每次使用都会暴露自己所在位置的经纬度。打个比方，一家公司的同事大多同处于一个办公楼办公，每天搜索的内容都与经纬度绑定，并被记录于百度庞大的数据库中。为了获取这些数据，我们和百度展开了相关合作——百度将经纬度和搜索内容提供给分众，我们为其贴上标签。这些数据会告诉我们，某一栋楼中对与母婴有关的100个关键词搜索的概率有多少、“出国留学”的搜索概率有多少等。如此一来，我们就能够较为精准地掌握该办公楼中用户的需求、喜好和选择了。

电商云

后来我们发现，单纯依靠搜索云还远远不够。很多大家耳熟能详的品牌，人们不会在百度上进行相关搜索，或者搜索的概率比较低，比如海飞丝、农夫山泉、康师傅等。这就导致分众无法判断这个区域需要哪些快消品，我们必须开辟一条新的道路。最后，我们决定集合所有电商的数据，只有这样才能得到真正全面的、准确的用户信息和需求。

面对汹涌来袭的移动互联网，传媒若不加以改变，只能坐以待毙。物业云、搜索云、电商云的三“云”合一，便是分众选择的路。目前来看，这条路还算正确，希望能为同样处于转型升级阶段的传媒企业提供借鉴。

内容可以死缠，渠道不能烂打

在过去的几年里，移动互联网的崛起让人们接触到的资讯量大幅提升。分众曾对此进行过数据统计，得到的数字是资讯量提升了5倍以上，远远超过了人脑承受能力的进化速度。

这种情况的出现，让信息传播从业者举步维艰。人们每天都要接受超过大脑接受程度的庞大信息量，这便意味着很多信息无法在人们的脑海中停留，也就是所谓无效信息。由于信息不能着床或着床率太低，越来越多的人觉得自己提早步入了老年，记忆力越来越差。其实，我们的记忆力并没有退化，而是信息量太大了，导致了信息溢出现象的产生。溢出的部分便是难以记忆的部分。

新的问题由此而生。既然有那么多的信息属于溢出的无效信息，那么人们能记住的有效信息是什么？大部分人能够记住的信息有两种：一是社会重大事件和重大话题，比如世界局势的重大变化、国家出台的关系自身行业或生活的相关政策、全民关注的热点话题等等；二是社会重大娱乐，比如人们关注的公众人物有了新的动态、广受好评的娱乐节目等。

这些信息之所以能被我们记住，有主动和被动两方面原因。主动记忆是说我们对这些信息存在主观兴趣，愿意自发地去留心关注，进而形成牢固认知。被动记忆则是指这些信息总是会被大量刷屏、反复提及，听得多了自然印象慢慢加深，以至难以磨灭。这个道理很简单。当一个重大事件出现后，也许和我并没有直接关系，但是当我通过不同渠道不断地看到这些信息和听到相关讨论时，自然也就难以置身事外。当你点进这条新闻后，就会强迫自己观看视频、浏览图片，一不小心就被卷入其中，最后形成了大脑记忆。

能被记住的社会事件大致为以上两种，那么又有多少种商品能被消费者记住呢？比如分众的微博，上面发的几乎都是商品广告，效果如何？可能短时间内的收效确实不错，但能够真正让消费者产生深刻记忆的，实话实说，只有很少的一部分。原因何在？正是因为这些广告信息不属于消费者会主动关注的信息，也没有形成多元化的传播途径，仅凭分众一家确实难度很大。

或许有人会提出质疑，过去那些成功的广告，传播的渠道也不多，为什么就能在消费者心中留下如此深刻的印象？关于这个问题，答案其实在前文中已经提及。现在属于信息大爆炸时代，消费者每天接触的信息比过去多出太多，一个新的品牌要被记住的难度比十几年前要大很多，成本也非常高。

其实，不只是新品牌，老品牌也同样面临着这些问题。娃哈哈是经典品牌的代表之一，我们也许还能记得代言人王力宏和他深情款款地说出的那句“我的眼中只有你”。但是，有多少人知道今天娃哈哈的广告语是什么？代言人是谁？康师傅冰红茶的广告语又是什么？这些老品牌一如既往地在广告上一掷千金，然而再也难以让人们记住了。

因此，我认为对于一些老品牌来说，“不动”才是最好的行动。它们需要做的是将一个广告长期投放于各种渠道，坚持“不动”。

脑白金的广告没有请什么明星大腕，也没有高科技的特技合成，画面上就是两个蹦跶着跳舞的老人。在我印象中，这两个老人跳的舞倒是不少：他们头上戴着花环，手里拿着沙锤，扭着屁股跳夏威夷草裙舞；他们穿着白色的芭蕾服跳芭蕾舞；他们甚至还穿着礼服、戴着礼帽，跳迈克尔·杰克逊的“太空步”。不过，不管广告中两个老人的服装和舞蹈如何变，他们始终重复的都是同样的一句广告语：“今年过节不收礼，收礼只收脑白金。”

对于脑白金的广告，很多业内人士都将其评论为“没有文化底蕴，没有技术含量，没有微妙创意”的“三无广告”。那么，这个“三无广告”为什么这么火？就是因为广告中的那两个老人一直跳！

这个广告似乎从诞生之日起就挑战着人们的审美情趣和忍耐力的底线，暂且不说其软文营销，单就时不时在电视中出现的老头儿老太太跳舞的画面，就已经让众多的消费者感到索然乏味。记得当初甚至有朋友说看到脑白金广告都要吐了，但史玉柱仍然继续让这老两口“毁”人不倦——不断刷新动作，不断增加广告的播放频率，但不变的还是那句“今年过节不收礼，收礼只收脑白金”。

很显然，脑白金广告采用的是典型的铺天盖地的广告营销策略，在当时似乎已经成了一道电视奇观，而脑白金广告更是成为当时的广告传奇！诚然，无论是台词、音乐还是表演，脑白金广告都不算上乘：台词不隽永，音乐背景不动人，画面不唯美，表演甚至可以说是拙劣，但凭借着史玉柱的执着，这对老头儿老太太一跳就是这么多年！

尽管脑白金广告一直居于“十大恶俗广告”的榜首，但正是这个持续不断播放的广告让消费者认准了“脑白金”这一“送礼就是送健康”的品牌，让史玉柱赚了个盆满钵满。数据最能说明问题，仅在该广告推出的第一年，脑白金就完成了2.5亿元的销售收入，创造了保健品广告的神话！

再举个海飞丝的例子。海飞丝的代言人是蔡依

> 林，“去屑实力派，当然海飞丝”之所以是大家都能够记住的信息，就是因为它从来没有改变过。后来，海飞丝推出了一个升级版的高端产品——海飞丝丝源复活系列，将代言人换成了舒淇，投了4亿元巨资大肆宣传。结果如何？反正我对这个广告没有多少印象。

正如生活中的很多“女神”级别的女人最后往往嫁给那些死缠烂打的男人一样，“死缠烂打”其实是中国式广告投放的一大特色，也是较容易获得成功的一种广告投放方式。匆匆忙忙地投广告，又匆匆忙忙地停广告，只能让广告费打水漂，而将广告不断地在各个渠道循环播放往往能起到更佳的效果。

全中国每年都在做广告的品牌很多，但是真正能够让广大消费者记得的有多少呢？我曾经做过一个测试：将一些行业、年龄、性格各不相同的人聚在一起，让他们在纸上写下过去一年当中做广告的品牌有哪些。结果，没有一个人能写出超过100个品牌，大多数人只能写出50个左右。这些能够被他们记住的品牌有两个共同特点：一是在十几年之前就开始做广告，一直投放了很多年；二是每年投入几亿元甚至十几亿元广告费用，累计花费超过50亿元人民币。

精准化投放，互动化营销

在前文中我已说过，对于老品牌而言，“不动”是最好的行动。然而，老品牌也有自己的痛苦。当你持续推出相同信息的时候，品牌会慢慢老化。要知道，这些老信息已经在消费者脑海中形成了很强的记忆，如果盲目更换信息和内容，又容易被消费者遗忘，这就是在当今信息环境中老品牌面临的巨大挑战。

说一个经典的案例——可口可乐。

在百事可乐崛起之前，可口可乐稳居美国饮料市场上的霸主地位，其市场占有率一度达到80%。但随着百事可乐青春时尚广告的出炉，百事公布的调查显示，约80%的消费者认为百事可乐在口感方面优于可口可乐。毫无疑问，这个广告策划使百事可乐的销量迅速提升。

对手的崛起让可口可乐坐不住了，为了确定是否在口味上逊对方一筹，可口可乐耗资数百万美元在美国的数十个主要城市对消费者进行了一次口味调查。在调查中，可口可乐分别征询了消费者对可口可乐新旧产品的态度，结果表明，大多数消费者愿意尝试新口味的可口可乐。

市场调研的结果就是为了给决策层提供依据。根据调研结果，可口可乐公司很快便研发出了比老可乐更甜、更柔和的可乐样品。为确保市场前景，可口可乐公司在大力推广新口味的可乐之前，又进行了一次大规模的口味调研。调研结果出来之后，公司的决策层更加放心了——约60%的消费者认为新可口可乐的味道更好些，50%的消费者还认为新可口可乐的口味要比百事可乐更佳。

于是，可口可乐公司不惜血本改造了旧有的生产线，推出了新口味的可口可乐。当然，随之进行的还有大规模的广告媒体宣传。新可乐上市伊始，市场反应不错，但消费者随之而来的反应却让可口可乐公司始料未及——很多老可口可乐的忠实消费者站出来抵制新可乐，并且，这种抵制还将可口可乐公司放弃传统配方的行为上升为“背叛美国精神”！

随着“只有老可口可乐才是真正的可乐”的呼

> 声越来越高，消费者的批评信函和电话也越来越多。为了平息消费者愤怒的情绪，可口可乐公司只好再次起用传统的配方和广告，继续生产和销售老可口可乐——那是美国人的骄傲。

可口可乐在对可乐口味的调查上可谓费尽了心机、下足了功夫，然而却忽略了消费者对老可口可乐配方和广告的情有独钟，忽略了对消费者的心理调查。盲目更换产品内容和广告信息，最终导致错误的决策和不良的经营效果。

那么，对于成熟品牌而言，是否真的“不改等死，改了找死”呢？我的看法是否定的。今天的品牌传播当然不能再拘泥于老的方法和思维，只有与时俱进，才能不被时代淘汰。具体说来，成熟品牌的与时俱进可以分为精准化和互动化两大方面。

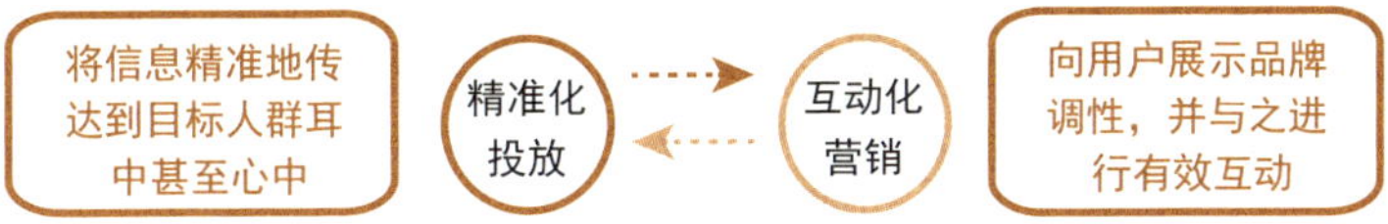

老品牌的焕新之道

精准化

老品牌要做的第一步就是广告投放的精准化。想要做到精准投放，首先要进行广告定位。你不可能让所有人都爱你，要做的是让爱你的人更爱你。否则，按照以往大众传媒的思路，即使你财力雄厚，能够做到让10亿人看3遍，也无法在消费者的大脑皮层留下深刻记忆。你应该将这些广告投入你想要投入的人群当中去。

分众曾经服务过一家以婴幼儿奶粉为主要产品的企业，我暂且将该企业称作M吧。随着奶粉行业这样或那样问题的频频出现，作为一家中型企业的M面临的形势也是日益严峻。其实，M企业进入这个行业的时间并不长，它的老板认为奶粉行业问题频发的时候正是推出自己公司产品的良机。于是，M重磅推出了大规模的广告宣传，希望借宣传的势头带动销售，赢得消费者的信赖，提高产品的知名度。

尽管M企业花费了巨额的广告费，尽管它的广告几乎做得铺天盖地，却收效甚微。不仅该婴幼儿奶粉的美誉度没有明显提高，其销售量也没有得到多少提升。为此，M企业的老板非常郁闷。也就是在这个时候，他找到了分众。

说实话，我刚开始对这种情况也很诧异。从产品的质量来说，M企业的产品完全符合国际标准，质量甚至超越了同类产品；从产品的价格来说，它进入婴幼儿奶粉行业不久，打的是价格战，优势很明显；渠道和终端的建设也已经相对健全。那为什么广告的效果却差强人意呢？当对该企业的终端促销和广告方案进行了一番调查和分析之后，我终于发现了症结所在——M企业的广告并没有准确地针对目标人群！

我们都知道，婴幼儿奶粉的目标消费者是婴幼儿，但真正具有购买权的却是婴幼儿的父母。于是，分众帮助M企业重新定位了更为精准的目标客户，那就是怀孕或者已经生育的女士及其周围人群。经过缜密的市场调研之后，我们将它的目标群体分成了三大类，即孕妇、1岁以内婴儿的父母，以及1~3岁婴幼儿的父母。

在我看来，后两类消费者一般都形成了某种消费习惯，大多已形成了对某种品牌的依赖，这显然不是作为婴幼儿奶粉业后起之秀的M企业的主要目标群体；第一类消费者则处于观望中，其转化品牌的成本为零，因此这类消费者大多一旦认准某种品牌，就势必会发展为忠实的消费者。再看市场上的竞争者，大多如M企业之前那般在宣传时对所有受众都狂轰滥炸。

于是，在对M企业自身的实际情况和M企业所处的市场环境进行了详细分析之后，分众帮助M企业将目标人群定位到了怀孕4~8个月的孕妇群体，并为其制订了个性化的广告方案。如今，M企业的婴幼儿奶粉销售已经渐入佳境，为越来越多的消费者所熟知。

企业产品和品牌的定位不同，需要面对的客户群体自然不尽相同。海量的信息轰炸固然能起到一定的效果，但将信息精准地传达到目标人群耳中甚至心中才是真正成功的广告。

在未来的社会，精准化一对一的广告投放方式对于渠道而言至关重要。其实，今天的分众只是做到了泛分众，还没有实现真正的精准。越来越精准化，不光是分众的追求，也是整个媒体行业的发展趋势。

互动化

除了精准化，未来广告的另一大趋势是互动化。对于那些并未广为人知的品牌而言，想要迅速提升品牌知名度，互动化是必然选择——向用户展示品牌调性，并与之进行有效互动。

小米是我比较钦佩的企业之一，基于互动而形成的小米粉丝生态圈，既让小米公司赢得了市场，也鲜明地展示了互动化的巨大威力。于是，很多企业也开始着手进行用户参与感的引导工作，例如开设品牌公众号、官方微博等，希望在自己身上复制小米粉丝群的狂热。但单凭这些形式上贴近用户的新媒体，并不能营造出真正的参与感。

在大多数情况下，这些新媒体平台往往会沦为企业进行产品销售的新渠道，仅此而已。因为客户在这些新媒体上看到的，往往只是相关企业的广告而不是交互性的信息，此时用户要么直接下单购买产品，要么看看了事。但无论是何种举措，相关企业和用户最终都无法实现充分的交流，更谈不上有效的反馈。

企业不能让用户发声，自然也就无法让用户参与到企业的运营中来。不过凡事总有成功者，海尔便是典型代表之一。

> “未来，一个电器如果不能上网，我认为就等于零。”张瑞敏的讲话，吹响了这家传统家电制造企业互联网化转型的集结号。“这里存在误解，海尔不是停止杂志硬广转投新媒体，而是停止传统的单向传播的投放，转型多对多即时优化的交互。”
>
> 在宣传策略上，海尔彻底放弃了以往在报纸杂志上进行硬广推送的宣传思路，转而将营销的主战场放在了微博、微信等新媒体上。此举从根本上使海尔和传统的单向传播方式做出了切割，使之在多向即时交互的过程中再也没有了牵绊。
>
> 而在具体的产品运营方面，海尔更是创造性地在公司内部设立了碎片化的创新小组。这些创新小组在海尔公司内部的正式称呼为“利共体”，其本质为海尔集团内部的独立项目经营体。在海尔公司内部有几百个利共体，但无论是哪一个利共体，其对产品的开发思路都是一致的，比如通过微博、微信和用户交

> 流，找出用户的痛点，再针对这些痛点，研发出相应的产品。
>
> 在一次和客户的互动中，海尔洗衣机的官方微博曾收到过用户的一条留言，大体意思是：当我中午在饭店里吃饭时，有可能发生咖啡、汤水溅到身上的突发状况，而下午又要参加重要的会面洽谈事宜，根本来不及换衣服。此时，如果能有一款可随身携带的、小巧灵便的洗衣机在身边，岂不是雪中送炭。
>
> 收到用户的这条留言之后，海尔的相关利共体部门迅速开展了便携式洗衣机的研发工作。通过对日本相关技术的考察和自身的不懈努力，海尔终于研发出了可以直接放入包中的洗衣设备——咕咚手持洗衣机。这种洗衣机使用了类似于古人通过木板拍打以实现衣物清洁的“挤压洗”原理。用户的衣服一旦被弄脏，使用咕咚手持洗衣机，只需要在洗手间中就能很快将衣物洗干净。这款产品一经发布，便迅速获得了消费者的热捧，第一次预售销量便已超过万台。

在公司内部营造重视用户互动的氛围，彻底放弃传统的推广渠道，转向新媒体，以起到置之死地而后生的效果；在公司内部设立独立的、极小规模的创业型组织，从而加快信息沟通效率，缩短研发周期；再配合海尔一贯青睐的“用户试用，新品反馈，及时修正”的机制，海尔不仅有效激发了用户与公司互动的积极性，还将这种积极性成功地转化为适销对路的产品。

其实，我们没有办法预测哪种渠道在未来不会被颠覆，因为被颠覆是渠道无法改变的宿命，一定会发生。而我们唯一能够决定的就是在被颠覆时，让我们自己成为颠覆者（自己颠覆自己），唯有这样才能幸免于难。

别妄想将一条广告投放于所有渠道

如今，小而美的品牌已经成为新的创业趋势。越来越多的创业者走上了小而美的道路，其中不乏成功者。需要注意的是，小而美品牌的广告不能仅仅飘在空中，落地至关重要。飘在空中只是那些巨无霸公司的专属权利，因为它们渠道的落地能力足够强大。小而美品牌的广告一定要接地气，要能无限逼近销售终端。

以分众为例。分众设在公寓社区的电梯海报和卖场里的电视终端，能让广告走到每个消费者的身边。我经常对客户讲，你在终端做的就是公寓楼，电梯海报加卖场对快消品的影响最大。

公寓社区的电梯海报

蓝月亮是洗衣液市场的第一品牌。当蓝月亮开始做洗衣液后，像汰渍、碧浪等之前主营洗衣粉、洗衣皂的品牌都被调动起来，进军洗衣液市场。激烈的市场竞争让蓝月亮的市场份额不断滑落，一度降到了22%。为了扭转颓势，蓝月亮找到了分众，希望借助分众在社区楼宇的影响力打一场漂亮的翻身仗。从2016年到2017年第一季度，分众只用了10周左右的时间，花费3800万元就将蓝月亮的市场占有率提高到了40%。

其实，不同品牌的洗衣液之间本质差别很小，分众选择的突破口是手洗。为此，蓝月亮专门在分众的电梯海报上投放了一组广告，后来我将其定义为“蓝月亮方法论”。在这组广告中，分众做了系列图示，用以说明手洗油渍的四大步骤。

广告的效果出乎预期，有很多看到分众广告的人都回家按照图示进行尝试，果真能够通过手洗的方式去除衣服上的油渍，蓝月亮洗衣液因此名声大噪，甚至被很多家庭主妇戏称为“手洗专用洗衣液”。

这样的成绩，很大一部分功劳在于公寓社区里的电梯海报。电梯海报的优点有以下三点：

（1）每个人都要回家，换言之，每个人都有机会看见广告。

（2）强制性高，能在电梯里形成强制性销售。

（3）相比15秒左右的电梯电视，电梯海报能够让消费者清楚阅读，充分展示每一个宣传点。

卖场里的电视终端

尼尔森调查发现，在去卖场的消费者中，有70%知道自己的购物品类，比方说今天要来买洗发水，但只有60%的人已经确定要买什么品牌，是海飞丝还是清扬。卖场中的消费者会在靠近某个品类区域的6秒钟内做出购买决策，哪个广告最接近他决策的瞬间，便能对他产生最大的影响。

美即面膜是做卖场起家的，初期只有两三千万元的销售额，这就意味着可用于广告的资金十分有限。在美即找到我的时候，我给了他们一个建议——做终端卖场。原因有二：

- **资金有限**

即使将美即全部的年销售额都用于大众媒体广告，也无法在市场中激起浪花。但是钱少有钱少的打法，这就是做透终端，锁定终端，在终端直接拦截消费者。

- **面膜不是必需品**

和洗发水等刚需快消品不一样，有很多女人一辈子没用过面膜。即使消费者在其他媒体中看到面膜广告后动心，这种刺激也不会维持太长时间，很有可能还没等走到卖场就已经消散。因此，一定要在消费者购物的过程中不断地提示她、刺激她，能够实现这种效果的只有终端卖场。

在我的建议下，美即投放了卖场终端广告。依靠这种打法，美即面膜在2010年前后风靡一时，登陆香港联交所主板。此后两年，美即面膜如日中天，2012年是美即面膜的巅峰期，年销售额达到13.49亿港元，净利润为2.05亿港元。如果后来没有被巴黎欧莱雅收购，相信直到今天依然会是面膜市场的中坚力量。

要想在最后一刻影响消费者的选择，其实靠的是潜移默化的功夫。不同的媒体渠道需要不同特征的广告，别妄想将一条广告投放于所有渠道。卖场最忌讳的就是30秒的广告，消费者很少能有闲情逸致站在卖场的某个角落，花30秒时间完整地看完你的广告。我曾经看过思念食品做的电视广告，广告的播放时间很长。我认为这个广告如果要投放到卖场中，最少要剪成6条，每条5秒，并且“思念食品，为你创造家的味道”这句广告词要一直放在广告片的画面之中，而不仅仅是温情的画外音。

短兵相接的地方，讲究的是简单粗暴。我曾经告诫过分众人：“卖场很嘈杂，不像办公楼中那么安静，我们不可能用声音吸引消费者。”所以，在分众后来做的许多卖场广告中都选择了较大的字号，借此对消费者产生强烈的视觉冲击，争取一步到位。其实，这些广告中的很多字幕，都是分众通过简单的后期制作加上去的。这些广告最大的特点就是时间短、文字大、突出外包装，并且产品要一直存在于卖场之中。

如果一家企业的市场推广预算足够多，做广告时自然可以“有钱任性”地使用多个媒体渠道；如果预算没有那么充足，不如去赌其中最有可能性的那一个，将其做到极致。品牌宣传最忌讳的就是每一个都投，在所有渠道上都存在，最后的结果会是都不存在。伤其十指不如断其一指，说的就是这个道理，而落地性强的媒体渠道，才是小而美品牌的首选。

第4章

左手抓资讯模式，右手抓生活空间

对于消费者来说，接受信息的方式有两种：第一是主动，第二是被动。主动就是资讯模式，被动就是生活空间。其实，传播就是左手抓住资讯模式，右手抓住生活空间，仅此而已。

主动资讯模式的全新变化

在过去这些年里，中国的崛起势不可当。我认为在下一个10年中，中国很有可能会进入一个新的发展黄金时期，会出现更多不同的驱动力，形成新的消费市场主轴。在这样一个全新的时代中，品牌的传播趋势必然会发生一些变化。

所谓品牌传播，就是将品牌的各种信息通过不同方式传达给消费者，攻占消费者心智。对于消费者来说，接受信息有两种模式，第一是主动，第二是被动。主动就是资讯模式中的主动传播，被动就是生活空间里的被动接触，本节先从主动资讯模式说起。

一个20~50岁的年轻人，他的主动资讯模式是什么？过去是QQ、人人网、网络游戏等，而随着时代的不断发展，这种主动资讯模式出现了很多巨大的变化，我将其归结为以下三点。

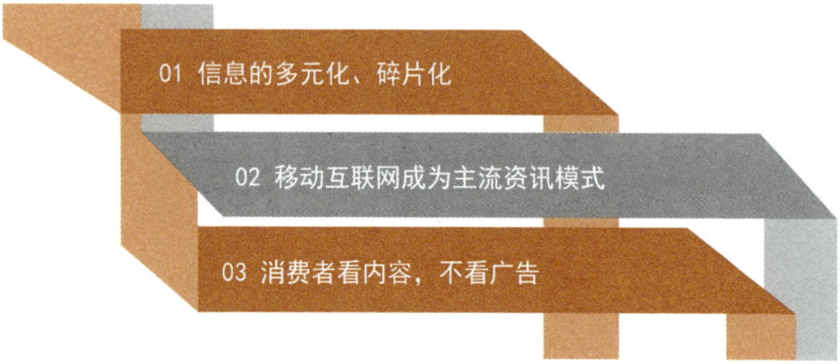

主动资讯模式的巨变

信息的多元化、碎片化

以电视频道为例。频道是观众与节目的中介平台。在每个人都看电视的那个年代，电视从两个频道逐渐增至60个频道，后来到了120个频道。但是大家经常看的频道，其实连一半都不到。当多元化、碎片化时代来临时，通过云电视能够收看的频道已经达到了400多个。在这样的趋势下，我想在不久的将来，很有可能不再存在电视频道，存在的只是无数的碎片化节目。你再也不用在每个周末的晚上守在电视机前，等着看湖南卫视的《我是歌手》(现已更名为《歌手》)，而是可以回到家后，在任何时间对着遥控器说一句“我是歌手”，电视中就会自动跳出《我是歌手》这档节目及与它相关的各种信息。

在云电视时代，背后存在着400万个以上的节目信息，这时，一个新的品牌想要通过节目冠名崛起，想要在400多万个节目当中被观众看到并记住，概率非常低，且成本极高。一家不错的创业公司有可能在天使轮融到几千万元，你让它拿一两亿元去打广告不太现实，但是拿几千万元去做，又不能取得明显效果。这个两难的选择不仅存在于创业公司当中，对于那些传统的知名品牌也同样如此。

> 在经历了种种负面新闻之后，蒙牛在2012年下半年花了4亿元广告费用于更新品牌形象——以往产品包装上的“蓝天白云下成群奶牛漫步草原”的景象被“青草下一滴牛奶”替代，与新的品牌口号“只为点滴幸福”相呼应。
>
> 蒙牛更换品牌形象的初衷很好，然而效果呢？我是个直脾气的人，在和蒙牛公司的相关人员开会的时候就不客气地说：“你们不用太开心，这4亿花得不太值，广告的效果并不明显。当然，这钱花了也就花了，不用后悔，伊利的品牌口号‘滋养生命活力’同样没有多少人听说过。在中国，小的品牌公司做牛奶做不起来，所以你们两个大户多花一点钱也没人会注意。问题不在你们，而在于时代变了，2005年‘做强壮中国人’的效果就很好。”

在多元化、碎片化的信息冲击下，老品牌传播新信息和新品牌崛起同样是件难度很高的事情。在20年前我刚出道做广告时，最喜欢跟客户讲："给我500万横扫中国。"而现在即使给我5000万元，两个月时间也就花完了，还不一定能够激起多大浪花。这就是信息多元化、碎片化之后，造成的广告投放门槛提高的现状。当然，我不是说这些媒体的广告投放完全没有效果，每个媒体都有每个媒体的效果，但要实现这个效果的成本真的很高。

移动互联网成为主流资讯模式

移动互联网代替了电视的作用，成为主流的资讯模式。主流用户很少甚至已经不看电视了，那么他们看什么？微博、微信和新闻客户端。

在我看来，当下最大的资讯来源非微信莫属。2018年微信的月活跃用户超10亿，微信支付的用户也突破了8亿大关，随便推个"跳一跳"小程序便能引发现象级热潮，无数"10万+"文章让用户足不出户便知天下事。

排名第二的是百度，它也是传统的搜索巨头。百度需要用户主动搜索资讯，信息不会自己出现在用户的面前，这和你在朋友圈里看资讯的体验完全不同。除了微信和百度，其他软件或平台还有着较大的提升空间。

消费者看内容，不看广告

据统计，中国人现在每天要花费5个小时刷手机，并且他们都在看内容，很少看广告。大家对国际动态、体育赛事和文化浪潮都很关心，而对商业广告却经常视若无睹，这是当下一个很大的发展趋势。

《中国好声音》是大家都非常熟悉的节目，它的冠名赞助商加多宝也被越来越多的人熟识。但并不是所有的品牌都如此幸运，除了加多宝，《中国好声音》还有大量的广告赞助商，多达四十几个，而这些广告却很少有观众能够记住。百雀羚是一个例外，从第二季开始，百雀羚就以7000万元成为当时《中国好声音》广告招标的黑马，随后又在第三季和第四季里毫无悬念地砸下重金。所以对于广告来说，如果钱花得不够，观众是没有感觉的。

视频在过去的几年中，已经被越来越多的用户接受。2016年，中国的视频付费用户是7500万，一年之后，这个数字达到了2亿。付费意味着什么？意味着用户可以跳过广告直接收看内容，广告无法与用户接触。而想要让这2亿的付费用户与广告相遇，只能在内容中进行植入，而植入则意味着大量的精力与金钱投入。

当然，你也可以自行创造出可以被传播的内容，做到这一点并不容易，天时、地利、人和一样都不可或缺。说到这里，需要跟大家强调一下，特劳特战略定位咨询公司全球总裁邓德隆曾经表达过一个观点，我对此深表认同。他认为按增长方式的不同，传播内容的策划可以分三种，可见下图。

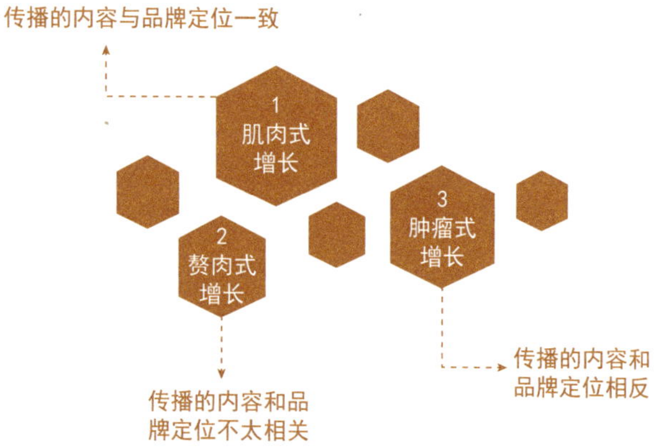

不同增长方式的传播内容策划

1. 肌肉式增长

当你传播的内容和你品牌的定位一致时，叫作“肌肉式增长”。这种增长对于品牌而言是有利的，有助于品牌沉淀，并在消费者心中不断积累品牌资产。

2. 赘肉式增长

当你传播的内容和品牌定位不太相关时，叫作“赘肉式增长”。通俗而言，就是这种内容是否传播对你的品牌没有帮助，不能强化消费者对于品牌的认知，无法积累你的品牌资产。

3. 肿瘤式增长

第三种传播策划有个很惊悚的名字，叫作“肿瘤式增长”。如果你传播的内容和你的定位是相反的，就是肿瘤式增长，即知名度越高，品牌定位越难，死得也就越快。

> 航班管家曾经策划过一次影响力极强的传播事件，叫作“逃离北上广——航班管家，做自己的主，一言不合‘飞’走不可”。
>
> 当年这个事件大家都觉得策划得很成功，可是请问“做自己的主”和航班管家有什么关系？说走就走找携程就好了，为什么要找航班管家呢？这种内容的传播很冲动，对品牌资产基本没有帮助。

虽然从传播学的角度上说，广告不应该只是广告，长远来说更应是内容、娱乐和话题，但从品牌的角度来看，不符合品牌定位的传播不要也罢。衡量传播内容的标准，不是看引起了多大范围的轰动效应，而是看能否在消费者心中对你的品牌资产进行累积，能否让消费者深深地记住你。如果出发点都是错的，做再好的策划也没有用！

所以，品牌一定要砍掉“肿瘤式增长”，防止“赘肉式增长”，加强“肌肉式增长”，聚焦所有资源于定位的不断强化之上。

社交媒体做能量，生活化媒体做销量

主动资讯模式的惊天巨变，让很多行业都开始重新思考。对于广告传播来说，我根据分众这些年所打过的仗、吃过的亏，总结出新时期传播的三大要素：第一，社会重大事件和社会重大话题；第二，社会重大娱乐；第三，消费者的核心轨迹。

这三大要素是三条路线，中国近年来所有成功的品牌，无外乎就是通过这三条路线成功的。如果某个品牌能够将这三条路线全都占据，无疑会取得巨大的成功。我将用两节的篇幅来说明如何玩转社会重大事件和社会重大话题，并分别对应两大打法。第一种打法是社交媒体先行，创造出一个拥有足够大的能量场的故事，落地到生活化媒体上，做成实际的销量，这种打法的典型案例就是小米和褚橙。另一种打法是生活化媒体先行，引爆社交媒体，引起全媒体生态发酵，代表案例是猎豹安全浏览器抢票版。在本节中，先让我们看看什么是“社交媒体做能量，生活化媒体做销量”。

过去的几年，确实可以称为以社交媒体为核心的时代，有很大一部分人每天70%以上的时间都花在社交媒体上。说起真正通过社交媒体做大的商业品牌，大家通常会在第一时间想到小米。

> 小米模式确实是很有中国特色的经营模式，它的核心在于创造可以被传播的故事。在小米科技联合创始人黎万强所写的《参与感》一书中，详细介绍了小米如何通过微博、微信等渠道，创造出可被广泛传播的内容，进而引爆销量。
>
> 在我看来，小米是先做忠诚度，后做知名度。先打造几百个忠实的关键客户，形成口碑，然后再倒过来做知名度，最后落地生活化媒体做生意。这个落地，指的就是楼宇的电梯海报。消费者在看到小米电梯海报后的第一反应，肯定不是直接下单购买，而是到网上搜口碑，这时前期创造的几百个关键客户的口碑就显得尤为重要。

《参与感》表达出了小米的价值观，我在这本书中看到了很多新奇的东西，也做了很多分享。相信读过这本书的人，都会对小米的认知发生改变。一些不屑于小米的人，看完这本书之后，也会重新审视小米的文化。

在这本书销量突破40万册时，小米举办了一场新闻发布会，黎万强邀请了我和曾主政阿里大文娱板块的俞永福两个人担任现场嘉宾，原因是我们两个人很早就看了这本书，并且做了很多评论来回顾复盘这本书。在这本书中，我认为最强大的并不是小米的广告，而是它的客服。这本书中有一段话，给我留下了十分深刻的印象。

> 一名小米公司的客服人员接到了一位老人家打来的电话，老人家想要为他的孙子买一部小米手机，并要客服立即寄出，因为第二天就是这位老人家孙子的生日，所以希望能在第二天收到这个生日礼物。
>
> 快递不是难事，最大的难题是老人家没有支付宝，也不知道如何进行网购。在了解了相关情况之后，小米的这位客服对老人家说："可以，没有问题，您把您孙子的名字、地址告诉我，我已经用自己的支付宝先帮您支付了，等您有时间了，把钱给我就可以了。我直接把产品寄出去，确保明天一定到您孙子的手里。"
>
> 事后，这位客服说了三句话，用以阐明自己做此决定的原因。如果这件事不是黎万强本人杜撰的（我当然相信不是），那这三句话能够直观体现小米公司的价值观和企业文化，彰显小米公司强大的市场竞

> 争力。
>
> 第一句话："在我听来，这位老人不像是一个坏人。"这句话说明小米的决策体系可由底层员工自我判断，不需要向上层层汇报。大部分企业的员工在碰到这种情况时，要么将其汇报给主管，要么直接回绝。但是，如果当时这名员工没有直接将产品寄出，时间可能就赶不上了。
>
> 第二句话："我们老板说，当你碰到没有碰到过的问题或者没有办法解答时，不要去问领导，你只要做一个判断，当客户是朋友的时候，你会做怎样的选择？如果他是我的朋友，没有支付宝，我当然会将我的支付宝输进去，等他有空时再把钱给我就可以。"把客户看为朋友，这就是这位客服人员用自己的支付宝为老人垫付的原因。
>
> 第三句话："如果这个人真是骗子，老板是不会让我掏这个钱的。"在小米员工的价值观中，如果自己做了错误的选择，被骗了2000元，老板会把钱退给自己，因为这些决策是按照小米公司的价值观做出的。

看完这篇文章后，我们首先感受到的是小米这家公司的价值观和企业文化。它的组织形式是去中心化的，没有细胞核，每个人都是决策点。公司交给某员工的任务，完全不需要层层汇报，员工只需要按照一个原则直接决策就可以，这与很多互联网公司的效率存在着天壤之别。此外，小米的价值观是把用户当成朋友，只要符合这个判断标准，就可以进行决策。小米公司还允许试错，即使你做错了也不会有人责怪你，这个钱不会由你承担。这或许就是小米胜出的地方。

再说一个褚橙的故事，它是“社交媒体做能量，生活化媒体做销量”这种打法的又一典型代表，背后推手是生鲜电商本来生活网的创始人喻华峰。喻华峰曾是《南方都市报》的总经理，经过多番波折走上了自主创业的道路，褚橙就是他的经典之作。

> 喻华峰是新闻工作者出身，很清楚媒体传播的重要性。本来生活网在当时一共融了1亿元人民币左右。因为生鲜电商是很烧钱的一个行业，冷链、物流等都需要大量的资金支持，所以能够投到广告上的就只剩下了1000万元。在确定了褚橙这个项目之后，他第一时间找到了我，跟我商量如何才能通过这1000万元，一举打响褚橙这个品牌，进而引爆本来生活网的知名度。
>
> 用1000万元引爆一个全新的品牌，无疑是件很有难度的事情。实话实说，当时我并没有多少把握。因此，我提议喻华峰再等等，到第二轮或第三轮融资时再考虑。但是，喻华峰非常坚定地告诉我：“即

使钱少，褚橙也要发出自己的声音。”既然他的意志不可动摇，我也不是个轻易打退堂鼓的人，接下来的事情就是研究如何让这1000万元发挥它最大的功效。

在我看来，如果将这1000万元花在一则广告上，或许也可以打造出一定的知名度，但接下来的挑战会更大，因为资金非常紧张。所以我对喻华峰说：“如果要成功，一定要先在社交媒体上进行炒作，随后广告落地。除此之外，别无他法。”

确定了打法后，喻华峰和本来生活网的团队体现出了强大的执行力，这一点让我十分钦佩。他们做了以下三件事。

• **借力名人**

他们疯狂@各界名人，毕竟微博是以名人为导向的，想要传播开来，就必须要借助他们的能量场，仅靠普通人传播收效甚微。精诚所至，金石为开。两个月后的一天，王石转发了一句话：“衡量一个人的成功标志，不是看他登到顶峰的高度，而是看他跌到低谷的反弹力。”在王石转发之后，柳传志也进行了转发，两位商业大佬的能量场自然不可小觑，社会上很快兴起了一个关于褚橙的话题小高潮，但这并不是后来人尽皆知的那个故事。

• 打造语势

既然有了王石和柳传志的转发，喻华峰立刻改掉了原有的传播标题，新的标题是“王石最钦佩的人不是巴菲特，不是比尔·盖茨，而是一个86岁的叫褚时健的老人”。光蹭王石的能量场还不够，喻华峰将比尔·盖茨和巴菲特都关联进来，最后带出86岁的褚时健。

这个句子的反差感非常强烈，用商界大腕做铺垫，带出一个86岁的老人，在消费者脑海中形成这个老人是弱势群体的认知。这个句子后来被疯传，触动了无数人的心弦，成为社会重大热点话题。

虽然褚时健本身也有一定的知名度，但是知道褚时健的大多是60后和70后，80后、90后的年轻人几乎没有人知道他是谁。所以，这次话题的引爆，成为褚橙传播事件中一个非常重要的转折点。

• 落地生活化媒体

话题引爆之后，我们却开始了纠结。褚时健的故事和本来生活网并没有直接联系，读者记住了褚橙，但不知道本来生活网。我们最初的想法是在微博的最后加一条链接：“猛戳本来生活，抢购褚橙”。思索再三后，我们还是放弃了这个想法。读者在看完这个纯洁、感人的故事之后，最后发觉这是一个卖橙子的故事，商业利益过于明显，会让感动荡然无存，进而影响话题的转发。

但是，光有情怀和感动肯定不够，我们最终的目的还是卖橙子。如果不与本来生活网相关联，这个社会热点话题的势能便无法转化为实际的销量。在与喻华峰商量之后，我们决定直接在分众打广告。分众原本就是一个商业化的生活媒体，赚钱是应有之义，没有人会认为我们需要泪点。而这个广告具备了社交媒体的巨大能量，这让我充满了信心。

由于褚老当时身在昆明，来不及参与广告摄制，我们只好将他的照片直接贴在广告上，喻华峰为广告配了一段文案："65年跌宕人生，75岁重新出发，85岁硕果累累，褚橙——褚时健种的冰糖橙，24∶1黄金甜酸比。中国人喜欢的甜，是苦尽甘来的甜，是逆袭的喜悦。人生终有起落，精神终可传承。"

这个广告里的前20秒，是在承接之前引爆社交媒体的故事。广告一经播出，就重新唤醒了人们记忆中的那份感动。有了这份感动，产品的销售水到渠成。在广告播出后的3周内，本来生活网卖掉了6000多万元的橙子。

本来生活网之所以能够用极为有限的预算，创造出6倍以上的销量，很重要的一个原因就在于有效借用了社交媒体的能量。到了后来，人们购买褚橙已经和橙子本身没有太大关系，而是在向这种生活态度致敬，在向褚时健致敬。

生活化媒体先行，引爆社交媒体

在了解了通过社交媒体引爆话题，再由生活化媒体做销量的打法之后，大家不妨思考一下，二者的顺序能否颠倒过来，先在生活化媒体发广告，将广告的内容与社会时事或社交热点相结合，引爆社交媒体，进而引爆传统媒体，造成全媒体的生态发酵，最后成为全国性的热点事件？这便是我说的玩转社会重大事件和社会重大话题的第二种打法，猎豹浏览器抢票版是其中最有代表性的案例。

猎豹脱胎于金山公司，CEO（首席执行官）傅盛曾是360安全卫士团队的负责人，后来创立可牛公司，最后与金山合并成立猎豹公司。猎豹公司做了一款浏览器，找到分众打广告时，我们并没有发现这款浏览器和360的浏览器有什么区别（当时360浏览器也是分众的广告客户），传播时也没有太明显的亮点，毕竟是同一个人做出来的产品。这种情况一度让我们很头疼，直到次年春运，事情发生了戏剧性的变化。

春运是大多数中国人每年都要经历的一次群体性迁徙，买票历来是困扰消费者的大难题。当时杭州有人开发出一款抢票插件，可以每秒钟到铁道部订票官网12306上抢票。傅盛慧眼识珠，意识到这款插件的潜在价值，便买断了这款插件，将之安装在猎豹浏览器上。猎豹浏览器抢票版由此而生，随即便被投入市场。

当时，猎豹公司用于该产品的预算不多，也就几百万元人民币。我和傅盛讨论之后，觉得这点钱要想进行全国范围的大力度宣传显然不够，那就集中优势兵力，通过生活化媒体打透北京市场，如果北京市场的效果好，再由北京辐射全国。回溯猎豹公司的这次传播战役，大致可以分为以下三大阶段。

- **覆盖北京**

由于时间紧迫来不及拍摄电视广告，我们就全力做了一个“倾城套装”——在北京所有分众覆盖的楼宇电梯中，全都打上了猎豹浏览器抢票版的广告海报。如果该楼宇中有多部电梯，至少保证广告覆盖其中一部。广告词简单粗暴：“猎豹浏览器帮你5秒钟抢到票。”

• 引爆舆情

“倾城套装”一出，效果奇佳，三天内就引爆了北京市场，甚至引发了一场相关部门与猎豹公司的口水官司，网上一片哗然，成为全国范围内社交媒体普遍关注的焦点性事件，这是我们在前期完全没有料到的结果。

我们当机立断，马上推出了第二条广告：“顶住，就意味着一切。猎豹浏览器，没有人能阻挡你回家的路。”对于身在异乡的游子而言，回家过年是头等大事，这条广告让舆情再一次沸腾，央视等传统媒体争相报道，引起了全媒体的生态发酵。

• 乘胜追击

第二条广告的进攻气息比较浓烈，凡事过刚则易折。考虑到这一点，我们在成功引发社会性大讨论之后，又推出了一条较为温馨的广告：“北京猎豹浏览器，搜不到票送你回家。”只要你是身在北京的用户，如果用猎豹浏览器抢票版没有抢上票，猎豹公司就准备了60辆大巴送你回家。猎豹用温情的关怀切实解决用户的返乡难题，让用户在心智中形成一个全新的认知——猎豹浏览器抢票版是真的想为用户解决春运买票难的问题，而不是简单的炒作。

经此一役，猎豹浏览器由一个名不见经传的小角色变为人尽皆知的热门产品，市场占有率从0.6%跃升至1.9%。而这一切，只花了猎豹公司不到1000万元的传播费用。如果你只有1000万元左右的预算，千万不要幻想着一上来就打下全国市场，即使你的产品性价比再高也无能为力，只能将你的知名度提高一个档次，但不可能让品牌的江湖地位显著提升。最好的路子便是像猎豹公司这样，选择重点城市进行单点突破，生活化媒体先行，结合社会重大事件或热点话题做广告，找机会引爆社交媒体，最后打通全媒体平台。

需要注意的是，虽然小米、褚橙、猎豹都是依靠社会重大事件和社会重大话题起家的，但是这两种打法在微博时代更容易成功，在微信的小圈子营销时代里成功的难度则较大。我们经常看到一部微电影有1000多万点击量，在互联网世界中，1000多万点击量跟没有一样。你会发现最简单的方法还是要跑到马路上，问问100个人当中有没有人知道。

在2016年有部拍得很不错的微电影，点击量达到了2亿多。我向知情的朋友打听这部微电影有多少人看，答案是3000万人，当时我觉得自己可能有一点落伍了，就在自己的300个微信群中问大家，有没有人知道这个微电影的名字，得出的结论吓了我一跳：只有几个人知道。

互联网上的3000万人和线下的3000万人之间存在着天壤

之别。假设这部微电影是在线下的电影院中播放，以30元一张门票计算，3000万人观看就能收获9亿元的票房。而在互联网的海洋中，2亿的点击量和3000万的观影人群却毫不起眼，尤其是主流人群没有感觉，这就很可怕了。

虽然现在越来越多的品牌更偏向于“生活化媒体+社交媒体”的传播组合，但有很多人将其归结为6个字：做爆款、抢头条。这6个字说得确实在理，但是想要做出爆款、抢到头条却十分困难。你认为的爆款，在消费者心目中是不是爆款？头条有那么好抢吗？要知道，现在很多娱乐明星都很难抢到头条，更何况一个商业品牌。在我看来，对于大多数商业品牌而言，抢头条只是一句空话，或者叫遥远的梦想，真正能够抢到头条的品牌少之又少。

当所有人都陷入这个循环之后，都以为自己找到了一条通往成功的道路，殊不知，这条道路其实非常窄，大多数人都挤不进去，结果就是最后可能武功全废。就像在武侠的世界中，你可以练少林拳、武当拳这些常规的武功，但是当你有一天发现九阴真经威力无穷，你便会对那些常规武功再也提不起兴趣了。然而苦练之后，你才发现自己的内功根本无法驾驭，最后不仅是九阴真经练不成，自己还走火入魔，悔之晚矣。

对比三者你会发现，小米、褚橙和猎豹的背后，都有一个很特定的灵魂人物。褚橙的背后是褚时健，小米和猎豹的背后都是雷军（猎豹脱胎于金山，雷军是猎豹公司的董事会成员）。这三个品牌的崛起，都处于微博正当红的时期，而这两个灵魂人物都拥有社会性事件的发动能力，尤其是雷军。

然而，如今微博已过红利期，不再有当年那样强大的营销能力。现在还能发展成社会性事件的，大多是一些娱乐性质较强的内容。像西少爷肉夹馍、黄太吉煎饼这样的一时热点，基本不能够称之为品牌。到现在为止，它们也只是在一个小圈子内营销，为一小部分人所熟知，圈外人却鲜有耳闻。

有一些比较中性的品牌，比如杜蕾斯，它的社交媒体也做得很成功，但那是因为杜蕾斯本身就拥有极强的硬实力，在避孕套领域属于霸主级别。我们只能说杜蕾斯的成功，是因为一个优秀的团队组合了一个特别好的商品，但不能说杜蕾斯是靠着社交媒体做强做大的，因为它早已经成为细分领域的龙头大哥。除此之外，杜蕾斯的产品也具有很强的特殊性，如果将杜蕾斯的团队放到其他行业的公司，相信难以复制杜蕾斯的成功。

社交媒体的流量到底有多少是真实的且可转化的？没有人知道。哪些内容一定能成为巨大的爆点和社会性事件？也没有人知道。如今能够成为爆点的内容，往往是由内容中人物的能量场决定。举个最简单的例子，马云无论说了些什么，即使写一封内部信都会成为热点。而社交媒体真正创造出来的品牌却少之又少，可遇而不可求。

因此，我给大家的建议是，忘掉对社交媒体不切实际的幻想，最好的方法是将社交媒体和生活化媒体相结合，依据品牌的具体情况，选择最适合的组合方式。成功的方法往往来自生活化媒体和社交媒体形成的化学反应，二者相辅相成，不可偏废。

让娱乐为品牌赋能

在前文中，我们花了较大篇幅分析了新时期传播的第一大要素——社会重大事件和社会重大话题，以及针对这一要素的两大打法。接下来，再让我们看看第二大传播要素——社会重大娱乐。

借势娱乐，让娱乐为品牌赋能，通过娱乐节目为产品导流则成为现在很多品牌的惯常做法，成功的案例也有很多。然而，当今中国每年出品的娱乐节目已接近4000个，品牌应该如何选择？关于这个问题，请大家考虑以下几点。

如何选择合适的娱乐节目

节目选择

融入社会重大娱乐的核心不在于曝光度，而在于是否划算，这取决于你能吸食到这个节目的能量有多少。要想借助娱乐节目为品牌赋能，就得成为最热门节目的冠名赞助商。

什么叫头部节目？我的定义是收视率3%~4%的节目，二、三线的节目冠名与否意义不大。可能有人会问："收视率2%和4%的节目赞助费用差了50%以上。假设收视率4%的节目赞助费需要1元钱，那么收视率2%的节目赞助费可能仅需两角钱就够了。相比之下，收视率2%的节目拥有更高的收视性价比，那么为什么还要去抢那些高收视率的节目呢？"

请注意，娱乐冠名的根本目的是娱乐赋能。以明星的出场费为例，一个一线明星的出场费可能是二线明星的10倍以上，可以赋予品牌的能量也是天差地别，完全不能用比值价格加以区别。从娱乐赋能的角度看，收视率不足3%~4%的节目，不足以成事。

比如《中国好声音》这档节目曾经火遍中国，尤其是前几季。这个节目有多红，加多宝就有多红。同样的情况还发生在立白冠名的《我是歌手》和伊利冠名的《爸爸去哪儿》身上。而其他很多节目的冠名商是谁，可能知道的人寥寥无几。

多年前，我曾和伊利方开会，讨论到底做哪个节目的冠名赞助商，选择有二：《爸爸去哪儿》和《中国好声音》。《爸爸去哪儿》第一季的冠名商是999感冒灵，第二季冠名费用飙升，999感冒灵放弃了继续冠名的想法，而《中国好声音》前两季的冠名商都是加多宝。摆在伊利面前的难题，就是在第三季《中国好声音》和第二季《爸爸去哪儿》中做出抉择。

针对伊利的这个问题，我先让他们综合参考三个数据：百度指数、微博条数和收视率。这三个指数能从不同角度反应节目的火热程度，当你将这三个指数合在一起看时，答案基本不会太离谱。

- **百度指数**

百度指数反应的是用户的关注度，当时《爸爸去哪儿》第一季结束之后的百度指数比《中国好声音》第二季高出了50%，说明用户关注度高于对方。

- **微博条数**

微博条数对应的是节目在社交媒体的扩散能力。《爸爸去哪儿》第一季的微博条数比《中国好声音》第二季高出60%~70%，说明用户更愿意在社交媒体中讨论《爸爸去哪儿》。

- **收视率**

绝大多数的收视率都存在人为因素，不太客观，但也能成为参考标准之一。二者的收视率都在3%~4%，不相伯仲。

参考这三个数据，我得出了结论：在当时的时间节点，《爸爸去哪儿》更热门。

合作方式

要做就一定要做冠名赞助商，立白赞助的《我是歌手》前三季大家都知道，但是片中其他的广告多达50多条，基本上谁也记不住。社会重大娱乐消费的是内容，冠名赞助商能够直接和内容相组合，能够被节目赋能。其他赞助商或者合作伙伴与内容无关，硬插进去做广告的效果很差，所以能够让消费者记住的从来都不是广告，而是内容。

赞助时间

真正能被人牢记的赞助商，大多坚持了三年以上。立白冠名了《我是歌手》的前三季，第四季被伊利拿走，加多宝冠名了《中国好声音》前四季，这些都是累计的结果。当你赌对一个节目，一定要至少做三季。相比之下，冠名《爸爸去哪儿》第一季的999感冒灵就没有多少人记得住，因为它只做了一季。

对于伊利而言，要么不做，要做肯定做冠名赞助商，但是赞助多久为宜？我问伊利方："能否坚持冠名三年？"

对方态度坚定地告诉我："我们也很看好《爸爸去哪儿》，完全可以做三季。"

赋能路径

再来看看用什么产品冠名比较合适。娱乐节目就只是娱乐大家的作用，所以关键看节目能不能把能量灌注到产品上。如果节目本身的能量不够强，根本没有势能，就不可能灌注到产品上；如果节目本身的能量足够大，就要看你能不能建立起节目和产品之间的桥梁。

比如加多宝和“好声音”本来没啥关系，但是它用了一句话“正宗好声音，正宗好凉茶”，突出了“正宗”这个词。而在加多宝和王老吉的大战当中，加多宝将“正宗”这个词牢牢握在手里，强调“我才是正宗的凉茶”。两个正宗，能量的转化路径十分完美。相对而言，立白和《我是歌手》之间的连接点就比较差，后来立白在《爸爸去哪儿》里做了特约赞助商，植入了好爸爸洗衣液，算是找到了一点关联性。

因此，在冠名节目之前，一定要想好节目和产品之间能量传输的路径。

既然伊利确定了要赞助《爸爸去哪儿》，那么选择哪种产品最合适？我给他们的建议是“QQ星”。

对方很奇怪，便问我：“为什么选QQ星，而不选安慕希呢？”

我的答案是：“QQ星是儿童奶，《爸爸去哪儿》是亲子关系的节目，一个亲子关系的节目跟QQ星儿童奶的组合，才能形成产品的关联性，这一点是安慕希没法做到的。除此之外，我们还应该将伊利牧场植入节目中，最好每一季里都能放一集在伊利牧场拍摄，让观众能够在观看节目时，对伊利的奶源有个直观感受，这样便于在他们心中形成‘伊利产品就是有品质保证’的认知。”

靠植入才是核心，消费者根本不会看广告，只会看内容。伊利QQ星在冠名《爸爸去哪儿》之前的销量是50亿元人民币，做完第一季后上升了35%，伊利产品的总销量上升了18%，是一个比较成功的娱乐赋能案例。

说到娱乐，除了综艺节目外，电影院也是一个不可不提的话题。近十年来，中国电影票房市场一直保持高速增长的态势，观影人次从2007年的0.71亿增长至2017年的14.48亿，年均复合增长率达到34.47%。国内电影票房从2012年的170.7亿元增长到2017年的599.11亿元，年均复合增长率达到26.78%。

2018年春节档被誉为史上最强的春节档，先后有《红海行动》《唐人街探案2》《捉妖记2》《西游记女儿国》等多部大制作影片同时上映，竞争十分激烈，整体票房也屡次刷新纪录。2018年2月份的总票房超过100亿元，刷新了世界纪录。电影《红海行动》以36.48亿元的票房成为春节档票房冠军。

电影在中国市场的娱乐行业内地位越来越高，一方面原因在于好莱坞影片的大量引进，另一方面在于本土电影的制作水平也大幅提高。以电影票房收入衡量，中国的电影市场已经成为仅次于美国的全球第二大电影市场。2001年，年度票房总冠军是冯小刚执导的《大腕》，大概收获了4300万元的票房，而2017年的年度票房总冠军是《战狼2》，收获了56.82亿元的票房，翻了100多倍，刷新了中国影片票房收入纪录。

毫无疑问，电影成为中国娱乐的第二个热点，属于典型的价值洼地，已经成为消费者最核心的生活方式和最核心的娱乐方式，也完全具备了跟电视台或互联网里最核心的几个节目相抗衡的能力。直接投资影业、在电影院做广告或者进行影片的产品植入，都能实现不错的娱乐赋能效果。

把广告植入到消费者的生活必经路径

说完主动的资讯模式之后，再让我们将目光集中于被动的生活空间。分众属于典型的生活化媒体，特点是没有内容，但是霸占了独特的空间——电梯。电梯狭小封闭，干扰度极低，这使公寓社区里的电梯海报广告具有很高关注度。而设立在写字楼电梯口的电梯电视只有一个频道，无法转台，具有不可选择性。一个城市的主流消费人群每天上下班会多次进出电梯，在电梯相对枯燥的空间里，广告更易于引发关注，所以分众的广告具有更为显著的收视效果。

在我看来，世界上最难看的杂志非航空杂志莫属。除了在航行过程中，很少有人会去主动翻阅航空杂志。人类最怕大脑一片空白，需要有东西来填充。过去在飞机航行时的大多数时间，手机和手提电脑都需要处于关机状态，即使允许开机也没有移动网络和手机信号。在这样一种特定的封闭场景中，杂志上的广告便成为内容本身。虽然消费者不会刻意记住杂志上的广告品牌，但是乘坐飞机的次数多了，翻看杂志的次数自然也就多了，这些广告反反复复地出现在消费者的视野中，最后便会在消费者的大脑中形成有效记忆。

在分众之前，很多已经成功的大型媒体做的都是主动的资讯模式，比如百度、腾讯和阿里巴巴，这三家媒体是主动资讯模式革命的领导者。当它们的资讯模式发生改变时，必然将引领社会媒体的资讯模式大变革。

微信是时下十分流行的即时通信工具，也是普通百姓日常生活中不可或缺的沟通桥梁，但在办公领域微信却存在较为明显的缺陷：职场人每天与同事、领导、下属交谈的时间，往往比与亲人和朋友交谈的时间更长，而微信语音的最长时限仅为60秒，这便意味着如果用微信沟通工作的话，一段完整的话将被拆分为无数时长60秒的语音片段，这在无形中增加了沟通的难度和沟通漏斗出现的可能性。

于是阿里巴巴全新推出一个进军办公室微信的产品——钉钉，这也是分众上下都在使用的移动办公平台。虽然现在钉钉还有很多需要改进的地方，但目前市场格局已初显：2017年11月，钉钉发布4.0版本，服务的企业数量突破500万家，已是全世界最大的企业移动服务平台。微信企业版在用户数据上与钉钉存在不小差距，而企业通信工具的迁移成本较高，用户黏性较大，短期内钉钉很难被超越。

毫无疑问，钉钉是阿里巴巴在社交产品“来往”失败后，反扑微信的一次真正的浪潮，也是微信遇到的一大挑战。

言归正传，让我们将目光回到分众。与BAT三家的主动资讯模式不同，分众主打被动的生活空间。所以我始终认为分众是一个二流公司，无法做出伟大的事业，因为伟大的公司做的都是资讯模式，我们想要挤进去并且获得成功的可能性微乎其微。既然如此，分众就继续老老实实、兢兢业业地做生活空间，赚自己分内的钱。

不过话又说回来，虽然我们无法成为一家伟大的公司，但主动资讯模式永远处于不断革新与被革新的轮回之中。而生活空间确实不太容易被革新，我们甚至可以想象，在未来的几十年后，当移动互联网彻底改造了社会，也许现在的一切都会发生改变，但人类回归根本——生活、工作、购物、娱乐这4个方面不会改变。

移动互联网高速发展的结果之一，是消费者获取信息的成本不断下降并最终归零，任何信息随便在网上点击几下就可以搜索到。然而，过多的获取信息的方式，便意味着消费者的选择成本越来越高。

我经常会反互联网思维思考问题。正是因为现在的选择题太多，人们都十分疲惫，分众就不要再给消费者更多的选择了。既然我们主打的是被动的生活空间，那就把广告植入消费者必经的生活轨迹上，使其在相同的时间、相同的地点形成唯一的选择。如果你的受众是商务人群、商旅人群，相对应的就是公寓楼、写字楼、机场；如果你的受众是年轻人群，那就是公寓楼、电影院；如果你做的是快消品，那就是公寓楼、卖场。以此类推。

电视机能收看120个频道，但是大家在写字楼电梯口看到分众的电梯电视却只有一个频道，公寓社区里分众的电梯海报也只提供极为有限的选择余地——两个电梯4块海报板，最多也不会超过6块。都市主流消费人群早上出门看见的第一个广告是分众，回家看见的最后一个广告还是分众。对我们而言，占据了这一头一尾就已足够。每天看两次，一个星期便能看见14次。次数一多，广告便会进入消费者的脑海中，最后形成较为牢固的记忆。

总而言之，让用户没有选择才是品牌最好的选择，也会是在未来唯一的选择。能否在漫天飞舞的广告中吸引住用户的目光，并让其形成记忆点，决定着这家公司的兴亡成败。

第5章

广告是针对消费者心智结构的科学

广告是营销中的重要一环——好的广告都一样，差的广告各有各的差法。按照我的“广告三段论”来做，虽然无法保证一定能够做出一个经典的可斩获大奖的广告，但至少能交出一个不犯错误的80分作品。

简单说出差异化

关于定位营销，我们已经说了很多，接下来我想跟大家说说如何把定位营销应用到广告中。在正式开始本节内容之前，我想跟大家强调一个观点：广告没有那么神秘，主要靠的是套路，而非创意。好创意可能是画龙点睛的那一“点”，但真正让它像龙的还是画龙的基本技巧，如果你画的是一头猪，相信无论你怎么点，也点不出一条龙来。

广告一般由三段论构成：第一步是用主广告语说出你的差异化，第二步是写出你的信任状，第三步是挖出你的功能勾引。让我们先从主广告语的写法谈起。

大家千万不要认为广告语是市场部门的事，实际上广告语背后涉及的是品牌的竞争战略。一个好的广告，广告语中一定要包含差异化卖点，并能被销售人员转化成销售用语来使用。否则，即使言辞再华丽，也只是绣花枕头——中看不中用。

广告的三段论

从业20多年，我虽称不上阅广告无数，但起码也见过了上千则广告，好坏皆有。从这些广告中，我总结出了好广告语的四大类型原理。所谓类型原理，也就是如何说出你的差异化卖点，说出消费者选择你而不选择别人的理由。

直接诉求

在主广告语中直接说明产品能为消费者解决哪方面的需求，无须过多的修饰，直击消费者痛点。如“手机App贷款找飞贷”、“拦截诈骗电话就用360”、“要众筹上云筹”、“包大巴上用巴士”、“信用卡还款用还呗”、“装修就找土巴兔”……这些都是很明显的直接诉求，也是最好的句式。这种句式虽然看起来十分简单，但需注意以下三点。

1. 简洁

这种句式一定要足够简洁，一个多余的字也不要说，“要众筹上云筹”就是最好的例子，6个字中删一个字都不行，简

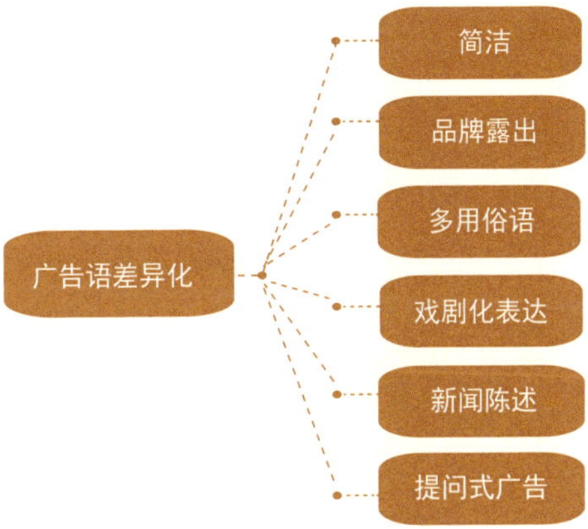

好广告语的差异化卖点

洁到了极致。

2. 品牌露出

在这个句子当中，最好能将品牌名称包含进去。如“经常用脑，多喝6个核桃”、“困了累了喝红牛”。虽然用词精练，但依然做到了品牌露出与用户需求的完美结合。很多广告设计的品牌露出不够，往往是先说一句话，再说品牌的名字，这就浪费了消费者的时间，更别提有些广告压根儿就没有品牌露出，让人看后一头雾水。

红牛曾经做过这样一则广告：“你的能量超乎你想象，红牛功能性饮料”。这个广告一看就是4A广告公司策划的，第一句话里压根儿没有红牛的品牌名，消费者需要听到第二句话才知道你说的是红牛，这是典型的浪费消费者时间。

3. 多用俗语

请相信，口语才是人类的本源。好的句子足够简单，都是口语、俚语和套话。广东有一句话叫“俗语无防线”，特别容易打进消费者的心智。很多农村刷墙广告的句子就很好，如“要想娶媳妇儿，立刻上淘宝”之类，这种句子极易传播。如果你的广告一看就很书面化，一般而言效果都不会很好。

还以刚才提到的红牛广告——“你的能量超乎你想象，红牛功能性饮料”为例。这个句子确实高大上，产生的后果是一下子将红牛架空了。原来是“困了累了喝红牛”，能够让消费者产生条件反射，现在非要拉到能量的层面上，太书面了。书面的结果是什么？东鹏特饮乘虚而入，马上推出“累了困了喝东鹏特饮”，反响极大，让红牛丢掉了自己原有的部分品牌资产。你自己不珍惜，就不能怪别人捡漏儿。

存在同样问题的广告还有很多，TCL公司曾经花了上亿元在央视打出“TCL成就天地间”的豪言壮语，听起来确实格局很大，但离普通消费者太远了，有些不接地气。还有些广告喜欢玩文字游戏，比如“善建者行”曾是中国建设银行的广告语，里面有“建”和“行”两个字，但问题是除了广告的策划者，谁还能第一时间破解这个文字游戏？或者说，大家都挺忙的，哪个消费者有空陪你玩文字游戏？

戏剧化表达

打破固有思维、反常规表达往往也能让消费者记忆深刻。这样的广告充满了戏剧性，容易让人产生耳目一新的感觉。如“饿了别叫妈，快上饿了么”。消费者看完第一句会想：饿了别叫妈？那叫什么？你给我做吗？然后第二句告诉你，赶紧上饿了么，饿了么给你送外卖。正是这样充满戏剧性的广告语，让饿了么冲出美团外卖与百度外卖的重重包围，打响了自己的名号。“营养还是蒸得好，真功夫”也是同理。

新闻陈述

《新闻联播》大家都看过，由于多年养成的习惯，大多数消费者在听到新闻的第一时间，就会相信它的权威性与客观性。新闻陈述类广告也是如此。“4亿城市人口，每天2亿看分众”、“感谢全国人民让老板高端吸油烟机15年销量遥遥领先”、“神州专车首家获牌”、“稻米油我们晚吃了一百年，我们今天领先了全世界”……诸如此类，就是新闻陈述性的广告。

提问式广告

在广告中提出问题，并给出解决方案，比如第一句问：“怕堵、怕挤、怕赶时间？”然后第二句话给出答案，“用了某某某再也不用怕”，这就是提问式广告。“哪家电动车更高端？雅迪”也是这种类型的代表作。

毋庸置疑，一个好的广告语有多么重要，但这个社会上很多广告语都是错的。比如，有个广告语是“当天边第一缕亮光……”他认为广告写得像诗歌一样就会有人去看，但这则广告根本就没有标题，不知道在说什么，打算让消费者自己去猜。

再比如“青岛纯生，鲜活人生”，很押韵很规整，但说出品牌的差异化了吗？说出选择你而不选择别人的理由了吗？没有！如果把它改成“百年酵母，传世麦香”，这个广告语就很好。你为什么喝青岛啤酒？因为它是百年酵母发酵，喝起来有传世的麦香。虽然它没能做到口语化，读起来不是那么朗朗上口，但至少比原来的广告语更能体现产品的差异化。

如果你找不到这句最能体现品牌差异化的广告语怎么办？我给你们提供三个小窍门。

第一，倒逼老板。

企业的老板往往对品牌有着最透彻的认知和最深沉的爱，从他们的口中往往能够寻觅到一些“金句”。因此，第一个小窍门就是对着老板半小时，让他在半小时内想出一句最能体现品牌差异化的句子，越俗越好。尽量能在15秒内简单说出品

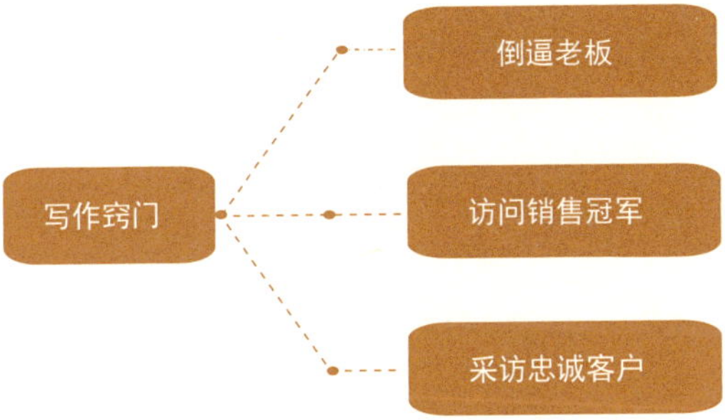

广告语的写作窍门

牌的差异化，说出选择你而不选择别人的理由。

第二，访问销售冠军。

如果你的老板不太善于表达怎么办？第二个窍门就是访问销售冠军。找出企业中3~5个销售冠军，让自己站在一个普通用户的立场上去买东西，看他们怎么对你说。销售冠军说出来的往往是对的，因为他们用终端实际的销售量证明了他们的说法。

第三，采访忠诚客户。

除了以上两种，你还可以采访忠诚客户。所谓忠诚客户，是指那些不仅长期购买你的产品，还介绍别人来买你的产品的人。你需要做的是，观察他如何介绍别人去买你的产品。华与华营销咨询公司董事长华杉先生说过："所谓广告，绝不是企业写一句话让消费者听，而是写一句话让消费者传给其他消费者听。"所以消费者之间如何传播至关重要。你最忠诚的客户传播的句子往往很有参考价值，而且还足够口语化。

让消费者相信你、爱上你

广告的目的是什么？帮助消费者建立起对品牌的信任，降低交易成本，创造溢价空间。在通过主广告语说出差异化的竞争优势之后，另一个重要问题是你如何才能让消费者相信你并爱上你。这就涉及本节的主题——信任状和功能勾引。

信任状

一个新品牌要想打入消费者的心智，增强消费者的信任度，就要用到信任状。信任状是一种套路，要想让消费者相信你，你得调用以下消费者普遍会相信的8个点。

1. 用热销引发跟风购买

所谓热销，其实就是“从众心理”，随大溜。这种特性是

信任状的8个使用方法

品牌强大的信任状，容易引发消费者跟风购买，如“7亿用户都在用的新闻App”、“四个小伙伴三个用滴滴”、“三年累计销量1.1亿台”、“红米国民手机”等。热销会影响消费者心智，各种卖到断货的饥饿营销就是制造热销的经典手法。排队也会引发热销，人们往往会因为就餐时看到哪个餐馆排的队长，就选择在哪家餐馆用餐。

> 在消费者普遍顾虑健康问题、对食品的安全卫生缺乏安全感的大环境下，“新西兰奶源·印度红茶，一年12亿人次都在喝”这样的句子会让人们感觉舒服，在喝的时候能减轻很多心理负担。

2. 用意见领袖青睐背书

青睐指的是某一特定群体或个人对产品的偏好，这也是一种社会认同。当下时兴的各种明星、团体或机构代言，就是青睐的具体表现。使用青睐这种信任状的，往往不是市场上的领导品牌，如“农夫山泉为各国领袖烹饪美食”。

以黄酒品牌“会稽山”为例，全中国销量最好的黄酒是古越龙山，会稽山如何才能打败古越龙山？它就利用了最受意见领袖青睐的信任状，说自己是“绍兴人爱喝的绍兴黄酒”。消费者普遍认为绍兴人更懂黄酒，会稽山将黄酒领域的意见领袖定为绍兴人，说自己更受绍兴人青睐，赢得了许多黄酒爱好者的认同。

3. 突出领导品牌地位

所谓领导品牌，就是“我是卖得最好的”或者“最多人选择的”，如“连续10年销量遥遥领先”、“瓜子二手车直卖网销量遥遥领先”、“高端厨电品牌领导者”、“10罐凉茶7罐加多宝”等，这些广告都是采用领导品牌作为信任状。

4. 用专家权威打造专业形象

通常情况下，人们对专注于某种事物或某个特定产品的机构或企业，存在一种固有认知：既然是某方面的专家或权威，想必会有更多的经验或者更高的品位和要求。比如，消费者普遍认为专科医生比较专业。其实也有很多医生多面开花，可能在两个或两个以上领域都比别人强，但他不能说自己在两个领域都很强，如果这样说，消费者就不信了，这违背了用户的基本常识。

如“唯一入选沃顿商学院的中国金融案例”、“宜信财富荣获亚洲银行家大奖”、“舒适达，全球牙医推荐”等，以用户心智中的专家形象为品牌做背书。

5. 以历史悠久为消费者提供安全感

拥有悠久历史的产品，往往会为消费者提供强大的安全感。如“王老吉凉茶，创于道光年间，185年的正宗配方”，即使在凉茶品类中存在主要原料夏枯草是否有毒的争议，大多数消费者也会认为“都喝了一两百年了，再有问题也大不到哪儿去”。如果是新品类、新品牌被发现存在这方面问题，很快就会消失。

成功案例还有很多，如“唐时宫廷酒，盛世剑南春”、“百年酵母，传世麦香”、“146年科研成果”、“德国百年品牌”等皆是此理。

6. 用开创者形象塑造品牌的不可复制性

奔驰的广告中永远都会说自己是“汽车发明者再次发明汽车”，这句看似平缓却霸气十足的广告语，没有任何品牌能够复制。因为这句话的背后，是汽车从无到有100余年的辉煌历程。

同样的道理，“拉卡拉重新发明POS机”、“九阳是豆浆机的开创者”，都是开行业之先的产品。

为了迎合消费升级的市场浪潮，香飘飘从香港买了一家广受明星喜爱的私家奶茶店——兰芳园。这家奶茶店开创了以茶袋冲制的香港式浓滑奶茶（俗称“丝袜奶茶”）品类，因此香飘飘在为兰芳园这个高端品牌做广告时，便使用了“丝袜奶茶开创者”的提法。

7. 用制造方法的精益打动消费者

制造方法是一种间接的物理差异。例如“纯手工”这个词，往往会让用户觉得很有价值，代表了做工精细。请注意，我说的是“用户觉得”，也就是用户认知，是消费者心中的固有常识，不一定就意味着事实如此。要知道，在通常情况下，机器制造的要比手工的更标准、更精密。如手工西服的肩部总是不太妥帖，而机器生产的西服的肩部形状会更好。

再如“长时间”“多工序”等词，均能唤起用户对产品的高品质联想。如“安吉尔A6净水器，美国原装进口陶氏滤芯”。一说到陶氏滤芯，很多消费者就会对这款净水器较为放心。美国原装进口陶氏滤芯是世界上最好的滤芯之一，使用这款滤芯的净水器品质自然差不到哪儿去，这就是消费者认知。

8. 用新一代升级封杀对手

在技术类的产品中，新一代通常意味着更好、更先进，这是一种替代的说法。苹果手机就是利用新一代技术的典型，从iPhone 3G开始，陆续推出iPhone 4、iPhone 5、iPhone 6、iPhone 7、iPhone 8……数字都已经不够用了，最新一代的苹果手机干脆取名iPhone X，但正是这种不断的升级封杀了竞争对手。

功能勾引

在详细介绍了主广告语和信任状的写法之后，让我们再将目光转向功能勾引。功能勾引又叫利益呈现，是最丰富的差异化来源，例如好吃、好看、耐用、速度快、安全、便携、易用、有趣、益智、保湿、美白、去屑、止血、抗衰老、理赔快、环境好、服务好、节能、强效、长效、速效、无痛等。

功能勾引的要点在于简单粗暴，用较少的篇幅说明能带给用户的好处，直击用户痛点。如“手机App贷款找飞贷”、“瓜子二手车免费上门服务，保证零事故，十四天可退车”、“滴滴快车七天免费”、“比萨五折起”等。

看到最后你会发现，好的广告都一样，差的广告各有各的差法。好广告主要就是由这三段论组成，当然也可能还有其他方法，但是95%的好广告用的都是三段论。按照这个套路来写，你就不会犯太大的错误。

用图片和排版提升转化

广告说到底是一种图像表达方式，文字内容是一方面，而图片和排版则是很重要的另一方面。我们之前说的是如何通过文字聚焦差异化卖点，现在再来说说广告图片与排版的那些事儿。

广告图片

广告图片的主视觉画面大致分为以下5种：

不同形式的广告图片主视觉画面

1. 以产品为主视觉画面

以东阿阿胶、王老吉为例，它们都是以某款产品为画面主体，消费者能够通过广告看到可购产品，直接刺激他们的购买欲望。

2. 以结果为主视觉画面

也就是使用某款产品能够让你产生何种变化，或是享受到何种服务。老话说“眼见为实，耳听为虚”，消费者更愿意相信亲眼看见的东西，那么我们就让产品的效果“有图为证”。

3. 以服务使用场景为主视觉画面

直接使用场景的好处在于让用户对服务产生更直观的认知，尽可能展现品牌调性，借以刺激用户的代入感，并最终攻陷用户的心理防线。

4. 以代言人为主视觉画面

顾名思义，就是将代言人和产品摆在同一个画面里。很多品牌都会请明星或名人代言，这是信任状的另一种表现形式。许多明星都有其追随者、崇拜者，明星的一言一行都会引起他们的关注。不管明星出现在大屏幕、高速公路旁的广告牌，还是电梯间里的电视或海报上，人们总想目睹一下明星风采，看一看明星的所作所为。所以，用代言人做广告的主视觉画面，会显著提高广告的受众接触率，品牌知名度也会随之提升。当然，一线明星和二、三线明星的代言费天差地别，为品牌提振赋能的效果也存在明显差距，如何选择，见仁见智。

5. 以文字为主视觉画面

我们通常看到的广告画面设计大多是以图案为主、文字为辅，因为图形化的设计更容易吸引用户的眼球。然而反其道而行也未尝不是一种选择。当然，在这样的主视觉画面中，文字绝非随意出现，在想好最能突出品牌差异性、自带信用状和功能勾引的广告语之后，还需要经过一番精心排版、修饰和处理，这就涉及我们的下一个话题——排版。

排　版

1. 标题"三段论"

对于广告图片而言，最安全的排版方式是"一、二、三"，也就是之前说的三段论。先将主标题放在足够醒目的位置，然后是信用状和功能勾引。我喜欢简单粗暴的广告，在这一点上可能和4A广告公司正好相反。举个例子，像"高档装修不用大理石就用简一"，就属于标准的三段论，主标题占整体广告画面的1/3，这种排版方式是不会错的。此时，美感应该让位于信息传达的有效性。

2. 颜色

三段论之后再来看颜色，一般不是白色就是亮底或者白底。画面非常繁杂是很多广告经常犯的错误。广告内容才是最重要的，切不可盲目追求色彩的多样性。

说到最后，再为各位提供一个检查方法：请将设计好的广告图片随机发给几个人，让他们看三秒钟，然后问他们可以回忆起多少广告中的内容，检验他们是否可以记住主广告语和品牌名。如果他们能记住，这个广告就基本合格了；如果不能，请收起你的侥幸心理。我们常说“市场是检验广告的唯一真理”，你连随机用户都打动不了，就别想着市场会给你多么积极的回应。这个办法操作简单且行之有效，是我行走广告江湖赖以傍身的法宝之一，这么多年来一直屡试不爽。

好广告，要让亲者快仇者痛

以上说的是好广告的几个基本套路。有一个问题至关重要，如何评价广告的好坏呢？当你兴冲冲写出一句让自己很满意的广告语时，请先冷静下来，用简单的三句话检视一下，分别是：顾客认不认？员工用不用？竞争对手恨不恨？这三句话很容易理解，分别代表了三层标准，要综合使用才有效果。且让我们以王老吉的“怕上火喝王老吉”为例。

顾客认不认

在用户的固有认知中，凉茶是用来降火的；王老吉是凉茶的一种，喝王老吉能够预防上火。整个逻辑链条十分通畅，水到渠成，时间一长便能让用户形成条件反射——预防上火就喝王老吉。

员工用不用

这里说的员工指的是一线的促销人员。对于促销人员而言，“怕上火喝王老吉”一方面字少方便记忆，另一方面容易跟消费者说：“现在天气多干燥，看你嘴巴都开裂了，喝王老吉就好了，有效防止上火。”

竞争对手恨不恨

前文说过，“怕上火喝王老吉”属于典型的封杀品类，直接在消费者心里将品牌和品类画上了等号，不给竞争对手留下任何生存空间，你说竞争对手恨不恨你？

从这三个标准来看，王老吉的这则广告非常到位，属于比较好的广告语。再来看一个反例——五粮液曾经用过的广告语“畅想美好人生”，让我们还是从这三个标准进行分析。

> 顾客认不认？
>
> 五粮液和“畅想美好人生”似乎没有直接的必然联系，就像“人为什么而活着——梦”，表达太宽泛了，不存在条件反射的可能性。
>
> 员工用不用？
>
> 找不到差异化卖点，你让一线销售人员在现场说什么？他们一看说这句话卖不了酒，自然就会改变

销售话术。一线销售人员都不说了，消费者更记不住了，这是一个恶性循环。

对手恨不恨？

竞争对手巴不得你天天畅想未来，趁你畅想未来的工夫，他可以多卖些酒，多挤占些原本属于你的市场空间，怎么可能恨你？

既然说到了酒业，那就再来看看另外一款酒——国酒茅台。

顾客认不认？

从茅台在1915年巴拿马万国博览会上摔酒瓶开始，大家都认国酒茅台。在消费者的心中，茅台就是一款代表中国的酒。

员工用不用？

国酒国酒，国家领导人宴请外宾都喝茅台，请客吃饭喝茅台更有面子。这是很自然的逻辑，一线销售人员肯定会用。

对手恨不恨？

茅台是国酒，潜台词是不是说其他同品类白酒品牌都是地方酒业？这是不是在贬低它们？大多数竞争对手都会恨得牙根发痒。

再说一个分众的客户案例——酷狗。酷狗是手机App中做音乐软件比较早的一家公司，在2010年刚推出时就采取了封杀品类的战术，宣扬“手机App听音乐到酷狗”，因而拥有过一段时间的窗口期。可惜酷狗没有及时采取饱和攻击，白白将市场份额让给了后起之秀——QQ音乐和网易云音乐，有段时间处于可有可无的尴尬地位。

为了重振雄风，酷狗CEO谢振宇便找我想办法。在长谈后我发现，无论是技术、曲库，还是用户量，酷狗都不具有明显的竞争优势，那么唯一的突破口就是广告了。

酷狗具有明显的先发优势，虽然已经错过了时间窗口，但这种先发优势也不应被忽视，这是一个很好的广告切入点。我给谢振宇的建议是把酷狗定位为“数字音乐的开创者”，这句广告语好不好呢？还是让我们用三大标准加以分析。

首先，顾客认不认？

酷狗在2010年发明了数字音乐，这是毋庸置疑的客观事实；其后一直在不断进行技术改进，和两亿用户不断改写中国数字音乐的历史，这符合消费者认知。

其次，员工用不用？

销售人员在销售环节可以说其他品牌都是跟我们学的，我们才是正宗，说这句话容易让用户买单。

最后，对手恨不恨？

酷狗既然标榜为数字音乐的开创者，那么其他竞争对手自然就是跟随者了，无论是QQ音乐还是网易云音乐，肯定都高兴不起来。

换了这句广告语之后，酷狗音乐的市场地位直线上升，以30%左右的市场占有率长期蝉联市场第一的位置，直到2016年7月和QQ音乐、酷我合并。

简而言之，广告好坏与否，并不是看广告策划者及其身边一小圈人的自我感觉如何，而是看顾客、一线销售员工和竞争对手的反应。有些广告一看就能让亲者快、仇者痛，这样的广告通常而言成功的概率比较大。

第6章

从反方向思考机会

向创新者蜕变，是每个创业者的必由之路。企业在发展过程中要时刻做好突破的准备，要有颠覆规则的勇气和能力。任何创新，都不是拍脑袋想出来的，要建立在用户需求基础之上。

过度竞争时，一定要反向走

一名优秀的创业者、企业家，必须要有勇于打破规则的勇气，这需要具有以下两个方面的能力。

从反方向思考机会

在创业的时候，如果你进入的是客观存在很多年，并且里面有很多领导品牌的行业，你一定要找到你独特的特性。而这个特性，跟市场主流规则往往是相反的。我经常提的一个观点就是：如果你的创业走的是一条跟中国行业的主流规则相反的路，那你的机会最大。

所以，我的创业逻辑就是：和显而易见的真理反向走。

事实上，分众的成功，很大一部分原因是我打破了三个所谓的传统“真理”。

1. 有覆盖才有生意

在还没有分众传媒之前，媒体行业里的所有约定俗成的规定都是大众传媒的，即使想要创业，也要遵循大众媒体的规定，没有人会打破规定超出规则去创办新的媒体。但是你要知道的一个事实是，在媒体环境稳定的情况下，即便你按照大众媒体的规则衍生出一个新的媒体，也不会成功。比如，在我做分众传媒的时候，电视已经有70个频道，如果有机会让我去创办第71个或第72个电视频道，那也不会成功。

因此，我决定反向而行，抛弃以往大众媒体的概念，做个分众媒体，即细分受众的媒体。当时所有的产品都在细分化，从大众到分众再到一对一，所以我们的定位是如何做更精准的媒体，帮助客户找到他们的消费人群。

2. 媒体都是内容为王

当时的媒体都崇尚“内容为王”，作为一家创业企业很难从中抢占属于自己的市场。于是，我就在思考：可不可以渠道为王？当人在内容和广告之间做选择，一定是选择内容；而当人在广告和无聊中选择的时候，广告还有机会。所以，我要霸占一个特殊的时间和空间——当一个人处在比看广告更无聊的时空中，就会看广告。

3.遵循经验和规则

白天和室外能不能看电视广告？户外广告的核心是地理位置，能不能不考虑地理位置，而考虑人的生活规律和轨迹？如果把广告植入受众每日必经的生活轨迹中去，广告和他们就会频繁相遇。公寓楼、写字楼、机场、影院等场所原来都只是个生活轨迹点，当你植入了广告就变成了人们每天会接触又很难回避的媒体接触点。

这种思维逻辑也是我在选择投资项目时的指导逻辑。我最想知道这个创业者为什么会成功，以后会不会成功，有没有跟主流想法相反。我觉得，原始的成功来自我们对原来所在行业的经验和规则不怎么相信。如果我们很相信这些经验和规则，后果就是基本上不会有我们的存在。

在黑马课堂上，我曾经接触过一个从事保健品行业的同学，他的产品主要针对年纪稍大的人群，主打对糖尿病比较有效的养生菜。这自然是一个很好的产品，但是营销的效果并不十分理想。之所以出现这一局面，我认为很大一部分原因是出在管理者身上：他被自己固有的思维禁锢。现在的渠道基本上以电商为主，全网渠道，因此，他们在产品宣传上也将所有精力放到了主流电商市场的开拓中，却忽略了一个非常实际的问题——他们产品的主要目标群体是中老年人，这群人很多对于电商的操作并不十分熟悉。此外，当前市场上类似的保健产品不在少数，在激烈的市场竞争中，他们很难脱颖而出。

因此，我建议他要打破常规思维，学会反向思考。比如说销售渠道上，尝试一下在中老年较为集中的小区的电梯电视做广告，这样可以让年轻人和老年群体都有机会看到产品的宣传，从而提升销量。

在互联网时代不一定要做电商，而是要根据自己产品的特点制定策略。当然，电商这条路也不是行不通，关键是怎样通过互联网与糖尿病人进行连接。我建议他与一些体检公司合作，把云端全部建立起来，建立起自己的体检流程和数据库。他可以打造一个App，用户可以在上面看到自己的资料和数据变化；还可以提供一些智能穿戴设备，可以测血压、心跳和心率，以及用户一天的运动量、消耗的热量。

这个设备与云端、与原来的体检功能相结合，时时刻刻提醒用户这个平台的存在，将自己打造成一个健康管理平台。消费者用一块智能手表就可以与之相连，可以享受很多服务。

把不合逻辑、不合常规的内容重新组合变成新东西

做分众之前，我做了10年广告代理公司，其间最大的挑战是电视、报纸、国家机构不和你合作，因为生意很小。另外一个挑战就是户外的广告地理位置不好抢占。

而所有的事物都应该是以人为本，从人性出发。从人的角度出发，我考虑如果能把广告植入人的规律和轨迹当中，就会跟用户频繁响应。比如，在徐家汇做一个大的广告牌，如果没有位置，能不能换掉以位置为中心的思路，变成追着人的生活轨迹走？

人回家是一个典型的生活轨迹，而且这个生活空间没有媒体，是一个空白。第二天早上醒来，他去写字楼上班的时候，也是个必经的生活轨迹，同样没有广告。在当时看来，一个人的这两个核心的生活空间是没有广告的，那么将所有人都能汇集到一起的地方就是电梯，是所有流量的入口，是很狭小的一个物理空间，这里的流量是有保障的。

从文学的角度上来说，文学最大的魅力来自特别有意思的两个词语相遇的时候，会碰撞出一个全新的火花，这个火花给了你很多的联想空间。其实商业模型也是这样，当两个不可以挨在一起的东西强行挨在一起时，就变成了另外一个东西。

比如，户外媒体就是户外媒体，电视媒体就是电视媒体，但是当你把这两个媒体合在一起叫户外电视媒体的时候，它就变成了一个全新的东西。从创业角度来说，你处在一个比较混

乱的时代，可能会允许你有很多不合逻辑、不合常规的东西出现，而重新组合的时候，却意外地诞生了一些全新的形式。

总之，在同质化时代，要想成功打响企业品牌，一定要有创新精神，要勇于打破禁锢，跟着主流想法创业是没有出路的。

从问题和客户抱怨中寻找灵感

我很喜欢“创业家”这个词，我们不能叫企业家，因为我们距离一个企业的规模还有很大的距离。就企业本身来讲，只有大企业才有资格说自己拥有一个很强的体系和管理制度，而我们这种创业者现在还处于一个野蛮生长的阶段，最重要的任务是创新。为了不被同行赶杀和超越，我们只能不断创新。如果停滞不前或者跑得不够快，被后浪拍死的概率就会比较大。

这些年来，分众一直在追求创新。很多人曾经问我，在当前的媒体大环境下，到底如何寻找创新的路径？我认为创新的基础在于问题，所有的创新都是为了进步，都是为了得到客户更高层次的认可。当前市场上存在的问题，就是我们创新的机会所在。

我在创办分众传媒之前，做了10年的媒体代理，但是整个媒体界对我们的制约力很强。在它们面前，我们充当的只是一个中介的角色，你做得好就可以继续做下去，做得不好随时都会被取代。

纵观历史，每次改革或者创新之所以能够成功，最关键的是可以解决问题。对于当时的我来说，只有做一种从来都没有过的媒体模式，才有可能得到商业机会。而我需要了解的就是当时的广告业，客户抱怨最多的是什么？问题最多的是什么？我认为，当前广告主存在的主要困扰是未来媒体发展的趋势，主要表现在以下几个方面。

媒体过于大众化

2003年，在消费者和广告主的观念里，提到媒体首先想到的还是大众媒体，没有人听到过分众传媒这个概念。当时，在大众媒体“覆盖为王”的理论驱使下，广大广告主普遍存在一个困扰：漫天撒网式的广告很难精准寻找目标消费者，造成了广告资源的极大浪费。那时候的我，就敏锐地意识到了未来的媒体极有可能会走一条从大众到分众甚至一对一的路。

> 洗发水是生活中的快消品，飘柔、海飞丝、潘婷、沙宣、清扬等，这么多的洗发水品牌有很多层级的选择。比如沙宣和飘柔就不是一个等级，那么选择它们的阶层也不一样。分级之后的传播一定是通过特定的渠道传播给一些特定的人，避免广告费浪费在错误的群体上。简单来讲，就是媒体可以提供一对一精准传播。

> 再比如海湾战争，美国开始攻打伊拉克的时候叫“沙漠风暴”，后来发动的一场大规模空袭行动叫“沙漠之狐”，都是指哪儿打哪儿，绝对不会打偏。这样的战争模式对我们也是一个启发，都是一对一的精准模式。而过去中国的媒体正是因为太大众化，大量的钱浪费在了错误的人身上。所以媒体变革是趋势，也是必然。

在媒体行业里，营业额的高低取决于这条广告可以覆盖多少眼球，利润取决于精准细分的能力，越一对一精准细分，媒体的利润率就越高。客户一定是想用10元钱打中一个他想要的人，绝对不会用5元钱打中一个不知道是谁的人，这是事实。所以商业模式不同，利润率和市场价值也不同。

广告干扰率高

从媒体发展的角度来说，当前中国媒体面临着一个非常严峻的问题：广告干扰率高。以前的广告效果真正好，甚至几十年前的广告到现在大家都能够脱口而出，那是因为过去广告的干扰率极低。

在过去很长一段时间里，消费者能够接触到的广告通常只有两种模式：一是电视，二是报纸。拿电视来说，像70后，小时候电视只有两个频道，广告插播的数量和种类都很有限，这样在电视中插播的广告就很容易被消费者记住。我还记得小时候看《上海滩》插播的广告是水塔牌阳伞。

另一个是报纸。随着新媒体的崛起，纸媒行业的发展行之艰巨。之前几乎人人都看报，我印象最深的是《新民晚报》，只有8个版面，所以报纸上的广告能在消费者的脑海里留存记忆。当媒体越来越多、越来越分散之后，单一媒体的记忆度就会越来越弱。

在做分众之前，我考虑的问题是如何来降低广告的干扰率，那么媒体细分，有针对性地做广告就尤为重要。当媒体从大众变成分众时，它的时间和空间都会发生一系列改变。而且从媒体的发展角度来讲，它不需要只在特定的时空才会出现，任何人的生活轨迹点，都有可能成为媒体的集中点，生活中有很多媒体的接触点可以植入。

广告没有强制性

所有的消费者都不是来看广告的，没有人喜欢看广告，所以，只有强制性的广告消费者才会注意。我觉得有强制性的媒体应该包括三个方面：空间的强制性、心理的强制性以及不可选择性。

1. 空间强制

广告什么时候有效？要在大空间做大媒体。马路上的大空间要做大的广告，要做一个包容的广告。现在的问题是大空间做小媒体。

> 比如北京3号航站楼，虽然灯箱广告的价钱很高，但是很少有人能够记得它的广告，因为空间太大，广告播放只能收到很小的效果。分众传媒做电梯广告，效果就不一样了。在电梯里面，空间既密闭又狭小，它的广告消费者是被动、无条件接收的。

2. 心理强制

> 《中国好声音》节目中间植入式的广告很多，但是真正被消费者记住的除了冠名商加多宝就没有了。为什么？因为这些广告没有对观众形成强制性的接收，观众不会把最重要的时间用来看广告。一开始播放广告，观众就转台。

要想广告播放有效果，媒体就要抓住受众在不同时空出现的碎片化的无聊时间，这个是我们所谓的心理强制。

3. 不可选择性强制

第三个强制性就是不可选择性，无法转台。通常情况下，在播放广告时，消费者注意力是分散的。因此，无论一个节目如何知名，里面的广告也很难被消费者记住。所以，你所在的位置一定要具有不可选择性，不会被转台。

这三个观点讲起来容易，但实际上要将其转化成符合观点的产品非常困难。任何创新都要建立在市场需求之上。实际上，做电梯传媒的想法也是源自我的一次经历。

有一次我在太平洋百货等电梯，当时电梯的门上贴着一则舒淇代言的广告。由于等电梯的人很多，电梯来了两次我都没能上去。所以无聊中，我就一直在看这个门，对这个广告的印象极为深刻。我突然间觉得在电梯里做广告也许是一个不错的主意。首先，等电梯的人是最无聊的；其次，电梯是一个狭小的空间，这时候电梯里面的广告是消费者唯一的消遣。可以说，电梯传媒满足了广告植入的强制性。

事实证明，我当初的选择是非常正确的。

我一直相信，未来的媒体一定属于那些创造了全新的时间和空间的媒体，不要复制，不要模仿。要想成功，就要重新开始，不要重复已经成熟或者既成事实的东西。比如手机微博，现在微博的用户和流量之所以有这么多，是因为它创造了一个全新的时空，用户在地铁上、公交车上的这个时间段就可以浏览手机微博大量的新闻和广告内容。

另外，媒体的创意要不断更新。不可否认，中国有很多聪明人，创意也很多，所以你的创意一定要不断更新，才可以留住消费者，让消费者为你的创意买单。当你在一个新的时间和空间中把广告植入进去，并成为唯一的一个广告形式，受到的竞争压力就比较小，而且投入的资金也会比较少。

其实，创新的思维不仅仅适用于媒体行业，适用于分众，对于任何行业、任何品牌来说都是必不可少的。

我曾经接触过一个创业者，他是做充电宝的。他的产品当时只有两种样式：一种是价格为99元的“东北人”，另一种是价格为999元的“土豪金”。这样的设计灵感源于充电宝市场存在的一个问题：市场上的充电宝大多追求的是小巧、美观，主要针对年轻人群、女性市场，但这些产品和中老年消费者或者成功人士的风格相比则显得格格不入。

他的切入点非常不错。不过，我认为他的产品还可以增加一些其他特色，因为如果充电宝太大，自然会产生另一弊端——携带不方便。而要想让消费者接受这一缺点，就要为其创造更大的价值。因此，如果适当为该产品增加一些Wi-Fi、U盘等附加功能，也许是一个不错的选择。

需要强调的是，任何创新都应该紧紧围绕市场需求，只有抢先占领目标人群的心智，才能更接近成功。

蓝海战略的三大创新要素

一个新媒体或者已经成功的媒体要想持续发展，就必须不断开创新的市场空间，引领市场发展，蓝海战略就是很好的发展战略。

我在华东师大读中文系，上学的时候我主要研究先锋诗歌。如果有人说我写的诗歌他能够全部读懂，那是我的悲哀；如果我写的诗歌没有人懂，那才是我的骄傲。先锋诗歌做的是差异化，通过把两个完全不搭边的词语搭在一起，利用超常的语言组合，创造全新的意味。比如“用一枝玫瑰堵住你燃烧的嘴唇”，这个句子里面有两点疑问：嘴唇怎么用“燃烧”来形容？“堵”字是怎么用的？这就是先锋诗歌，把词语重新组合，形成很多全新的概念。当时我的老师是著名文艺批评家朱大可，他当时问我们：

“伟大诗人屈原是怎么死的？”

“跳江死的。”我们回答。

“什么江？”

“汨罗江。”我们答。

他又问：“证据是什么？”没人知道。只知道当时有一首《怀沙赋》，因此断定屈原跳江自杀。但是朱大可很认真，他不这么认为，他让我们对比《离骚》，从而发现两首诗歌的写法有16处的本质区别。一个将死之人，不可能说有那么多的创新，跟平时的写法完全不同，词语用法也完全不同。因此他推断，《怀沙赋》95%以上的可能都是后人伪造出来的。

接着，他提了一个新的观点：屈原死于男女关系，被谋杀。他列了三个依据：

• 一个中国的伟大诗人通常都是死于男女关系。

• 屈原在死之前写了一首《湘夫人》，里面写的就是与湘夫人藕断丝连的暧昧关系。湘夫人指的是当时楚怀王的妃子郑秀，郑秀在入宫前与屈原关系比较亲密。

• 这件事得罪了王室，屈原被迫逃跑，一路上有人追杀他。当他跑到江边，被10只船包围，在江面上你追我赶，所以有了赛龙舟。追杀他的人把屈原用麻袋和绳子前前后后绑了起来，所以有了包粽子。

屈原的故事原本很完整，但是我的老师不断提出新观点，推翻之前的东西，组合成新的知识。

当我接触商业之后，我把老师讲的这几点总结起来，就是蓝海战略的三大必备创新要素。

创新三大要素

细节洞察力

这里说的是在专业背景之下的细节洞察，前提是你必须十分了解这个行业，之后对这个行业进行细节洞察。比如我的老师的专业是文艺批评，他通过细节洞察对比出《离骚》和《怀沙赋》有16处本质性的不同，于是创造性地提出了很多全新的东西。

梁山伯和祝英台的故事，在固有认知里，他们是一对伟大的恋人，但是我的老师又推翻了这个认知。他认为这是一个断背山的故事，在论证的时候，原文的每一处写法老师都会引导我们去看，证明每一个细节。最后他得出的结论是：梁山伯之所以会自尽，是因为梁山伯发现自己恋了4年的人是一个女人，内心无法接受。所以，要想有新的突破、新的观点，首先要具备的就是细节洞察的能力。

挑战精神和怀疑精神

朱大可老师说过一句话，不要相信任何东西。老师认为，所谓屈原的忧国忧民不过是后人的想象，所有的故事背后都是一个情爱故事，所有故事的发生都是性欲的涌动。每一次历史事件，都可以总结成必然，当时发生的时候都是偶然。偶然之中的必然就是人性，尤其是性欲的涌动，创造了历史的各个篇章。

一些思想家在文学批评史上对小说家构建的价值体系和提倡的价值观都提出了怀疑和挑战。在思想家的眼里，这些价值体系是不存在的。在我创造分众传媒的过程中，对媒体环境中既有的秩序和原理都抱有怀疑和挑战精神。如果你在做企业，不要相信所谓的原理，当这些原理成为教条的时候，对企业来讲是很危险的。

颠覆性思考

当初我做分众的时候，别人都在做大众媒体。电视媒体晚上是黄金时间，我做的是白天；电视做的是家庭媒体，我做家庭以外；大众媒体信奉的是内容为王，我信奉的是渠道为王。

渠道性媒体的最大特点就是占领一个特殊的时间和空间。比如人的生活都是遵循一个规律和轨迹，总是会回家、上班、逛商场，当我们把广告植入这些轨迹的时候，就是唯一的媒体。

任何企业想要成功，必须谨记一点：从消费者出发。要想创新成功，要学会与行业内已经成功的企业反向走，这也是前面我一直提到的特劳特先生的观点："与显而易见的真理反向走。"

现在，提起淘宝，提起马云，大家都耳熟能详。事实上，在做淘宝之初，马云也并不清楚到底应该如何具体操作，他当时借鉴了eBay（亿贝）。他总结出了eBay的十大成功经验，但他并没有照搬，而是往反向走。他曾经承认过当时往反方向走的时候并不知道是对还是错，并且后来发现eBay也有其过人之处。但是当时他没有办法做出判断，所以他选择了全部往反方向走，也正是因为这样，才有了今天的淘宝。如果当时他按照别人的路径走，那么今天一定不会有淘宝，马云也不会这么成功。

美国著名实业家约翰·D.洛克菲勒曾说："如果你要成功，你应该朝新的道路前进，不要跟随被踩烂了的成功之路。"在这个变幻莫测、时刻充满挑战的商业时代，企业要想成功，就更需要具备打破常规的勇气和能力。

互联网时代，企业如何持续创新

在中国当前的创业环境中，任何企业要想在残酷的市场竞争中立足，创新都是必经之路。向创新者蜕变，是每个创业者的必由之路。创新是企业生存的基础，不断创新则是企业持续发展的不竭动力。

当然，任何创新、任何变革都不是拍脑袋想出来的，而是建立在用户的需求之上。社会在不断向前发展，用户的需求也在不断改变，因此，企业必须随之不断注入新的原动力。我们看，很多电视节目往往都是前几季很火，但后面人气就越来越差了。我相信节目本身其实做得还是不错的，但是它已经很难突破以前的高峰。如果没有一些足够吸引人的新创意，是很难继续保持之前的高收视率的，也很容易被对手超越。

中国的创新环境非常好，但是同样非常具有挑战性，因为很容易被模仿。中国99%的企业没有办法抵抗模仿，你先行，后面就有无数追兵上来，最后就陷入价格战中。因此，任何时候企业都不能放松警惕，创新之后，还要不断地再创新。接下来，我就想结合分众的发展和大家谈一下，互联网时代企业如何实现持续创新。

首先需要明确一个观点：我认为在未来，在大数据时代，媒体的核心竞争力是精准细分的能力，其背后的主要逻辑就是数据。很多企业之所以能够站稳脚跟，究其根本就是流量数据。

> 百度和淘宝背后就是一个庞大的数据库。当我们在百度和淘宝上搜索某一内容，马上就能出现很多相关的内容；再次打开搜索，你之前搜索的内容就会自动出现。这就是精准细分的能力，根据的是历史关键词搜索和流量累计分析出来的数据。
>
> 相反，Cookie[①]追踪的细分能力就是一个比较失败的案例。Cookie追踪很大的问题就是将用户的浏览行为和购买合在一起，是比较困难的一件事。它本身并没有形成一个真正的商业模式，没有达到精准细分，所以Cookie追踪的消失是意料之中的事。

现在的媒体大环境里，媒体本身就是按照用户的兴趣爱好

---

① Cookie是指某些网站为了辨别用户身份、进行会话控制跟踪而储存在用户本地终端上的加密数据。

来做的，在个人网站联盟上通过精准分析，提高点击转化率，这就是价值。因此，我创造了一个观念，我只认受众不认网站，突破了像新浪、搜狐这种公司所谓的品牌溢价。在没有网站只有平台的情况下，充分发挥流量池的作用，把广告通过精准细分给每一个目标受众看。

很多人都知道，分众的很多数据是通过和电商、搜索合作交换完成的。因为正是有了这些数据，我们才能更加精确、更加精准地投送广告。

所以今天，企业的变革很大程度上是建立在数据库的积累之上。如何形成更大的变革？这就需要我们对整个市场、对我们所处行业进一步细分，进一步做数据。要做到这些，需要我们从四个方面对企业以及整个行业进行重新思考。

企业创新变革路径

站在消费者角度去考虑问题

当今媒体的大环境，讲的更多的是跟消费者进行互动，而不是强制，因为互联网的特点就是多，消费者可以自由选择。因此很多广告主说，分众的广告只有强制性，没有互动性。这是分众持续创新的一个最大动力——增强与消费者的互动。

媒体分线上和线下，像户外媒体、电梯媒体是线下媒体，淘宝、京东、苏宁是线上媒体。但是现在，线上线下进行资源整合才能更好地满足消费者。以前线上媒体从来不做线下媒体，因为消费者都是在互联网上CPS[①]，流量多，品牌就能立住脚。但是在这背后，品牌也在线下做了很多广告，消费者对品牌的知名度是有诉求的。

> 比如药品。药品分为中药和西药，西药的特点是见效快，头疼的时候吃完对症的西药可能疼痛感就会减轻，但是这并不能否认中药的作用。头疼有根本原因，吃虫草，可以把人体的元气补好一点，从根本上提升你的免疫力，减少以后头疼再犯的频率。中药和西药的药效强度不一样，转化率不同，效果就不同。在媒体行业，百度就相当于西药，新创业的公司用了百度，流量就会明显增大，但是会有依赖性。

---

① CPS（cost per sales）就是以实际销售产品的提成来换算广告刊登金额。——编者注

任何一个品牌，没有品牌力不行，企业的元气强了，广告的转化率就高。同样的一则广告，点击率跟知名度有绝对的正向关系。

线下的指标很难量化，一个办法是三七开：70%做互联网，30%做线下广告和品牌广告。我相信，30%的线下品牌广告投入一定会导致70%的线上广告投入的转化率提高一倍。比如美特斯邦威的老板周成建，他的网店叫邦购，没有流量，我告诉他改成美特斯邦威，流量立刻就上来了，这就是品牌力。

实现消费者准确定位

任何一个企业或者品牌，最基本也是最重要的是精确找到自己的消费者群体。随着企业的发展，你的受众在改变，消费者群体也在改变，那么消费者的定位就不能一成不变。就分众来说，宝洁、联合利华、欧莱雅都是最重要的客户。宝洁每年给分众2亿元广告费，但是它有30亿元的广告预算，我们只占6%，所以如果说宝洁是靠分众做起来的，不会有人相信。

因此，与其这样，不如将更多的目光放在只有3000万~8000万元广告费的客户身上。因为这类用户还处于成长阶段，没有能力去做电视广告。所以，如果能够将这些用户的知名度打响，那么分众的能力自然会得到公认。

神州租车就是依靠分众传媒做起来的。2010年9

月，神州租车的人找我分析市场，就当时的情况看，中国很多人都是有本没车，存在限行、摇不到牌照等问题。他们有8000万元的广告预算，当时他们的打算是多向投媒体。但是我觉得这个方法不可行，我根据他们的分析得出的结论是：会租车的人在20~40岁之间，月收入3000元以上；本地租车占80%，异地租车占20%。

这样分析完之后，我建议他们的广告全部由分众来做，按照人的生活空间——写字楼、公寓楼、电梯、机场，锁定这些空间；接下来就是做手机广告，推送电话号码，用各种各样的数据库，通过许可的方式发出去，但是不发垃圾短信。这样做完之后，神州租车马上就出现在消费者的视野之中。

今天的神州租车核心问题是在电视、报纸、互联网上都没有广告，主要靠公寓楼、写字楼、电梯海报、电梯电视。电梯电视主题就是“打车不如租车，买车不如租车”，讲概念；电梯海报是“首租免费”，来一个免费体验，就是促销行动；还有机场，告诉你神州租车让你“自由自在”。这样做的结果就是迅速地将自己的市场份额大幅提高。在2016年底，神州租车的车队总规模已达96449辆，超同行业第二名到第十名车辆的数量总和；同时，在全国93个主要城市设立了将近1000个租车网点。

适应发展形势

在科技发展越来越快的今天，视频可以播放的屏幕也越来越多。在多屏时代，消费者的眼球已经变得多元化，看到的广告也是多元化的。

当企业进行再次创新时，想要成功就要学会灵活适应多屏联动。比如一个品牌在植入广告的时候，如果只是放在电视这一个屏幕上，那么它的品牌份额是下降的；如果能多个屏幕分散投放，其品牌份额一定是增加的。品牌的广告分布只有随着消费者眼球转动的方向变化，你的广告才有可能成功。

现在是一个大视频时代，企业不应该总想着满足在电视上的700GRP①，而是应该学会运用三屏联动的方式使成本最低化，或者用同样的钱使效率最高化。未来中国媒体的广告总量可能并不会增加，但是结构却一定会发生变化。

同样的一则广告，企业如果在电视中投入了15亿元，然后在电梯媒体和互联网市场分别投入1亿元，按照这个比例，消费者接收广告的比例应该是15 ∶ 1 ∶ 1。但是在现实生活中，结果却绝不会是这样。因为，如今的主流消费者，接收到来自电梯媒体和互联网市场信息的比例越来越高。所以，未来广告

---

① GRP是gross rating point的首字母缩写，指的是在一个传播期内看到广告的人次总和。GRP＝收视率 × 频次（广告次数）。GRP的值相同可能会代表着不同含义，因为1个人看到100次广告和100个人看到1次广告，GRP的数值都是100。

费投入到电梯媒体和互联网市场的比重肯定会大幅增加。

在传媒形式快速迭代的今天，品牌的广告投放方式也得适应形势，学会三屏联动，你的广告才能发挥最大的价值。

赋能式管理

分众是一个拥有狼性文化的团队，这种狼性文化造成了大家都非常拼命，为了实现业绩目标而共同努力。但在今天，我们也看到狼性文化背后带来了非常多的隐患，彼此间确实存在许多互相挤压与攻击的现象。因此，我们在追求公司整体“狼性”的同时，还应在公司内部讲究“良性”，以组织利益为最高利益，同事之间不是对手，部门之间更加协同、相互成就，最大可能地发挥创造力与能动性。

分众在内部成立了很多委员会，实质上这是分众组织结构的一个重要调整。对于有能力、有意愿的人，你要学会通过充分授权，去释放这些自我驱动能力非常强的人的创造力，从控制式的管理转变成赋能式的管理。以前分众市场部给出的每一个策划方案，我几乎都要改一遍，这就是控制式的管理模式，而现在他们所做的一切方案，我只会提些问题，让他们自己寻找答案，这就是赋能式的管理模式。

有时市场部会回复我说方案已经决定了，无法改变，那我也认了。也许今天做完某个方案之后，下个星期市场部就在重新思考和复盘，看看到底做对了什么，还有哪些欠缺和不足之处，客户和消费者还有什么不满意的地方，在下次方案中如何改进。原因何在？我觉得既然要从控制式的管理转变成赋能式的管理，就应当让每一个部门和每一个委员会越来越多地释放自己的创造能力。传统控制式的管理其实埋没了很多人才，扼杀了他们的创造力，久而久之，他们会觉得“反正你还会改，那我就凑合凑合得了”。所以，我觉得在整个过程中，要让那些拥有强大自我驱动能力的人的才华拥有更大的发挥空间，因为他们是分众最主要的驱动力，也是分众事业真正的合伙人。

组织的效率不是来自分工，而是来自协同。组织内部的人与人之间不是对手关系，不应彼此竞技、挤压，而应相互学习、彼此欣赏、共同成长。我永远相信全局最大，只要各部门的协同能力和创造能力被进一步地发挥，一切难关都会被攻克，一切对手都会被打败。

第7章

营销者的自我修炼

每个营销者就像一艘船的舵手，无论这艘船是大是小，都需要严阵以待，否则就会有葬身大海的可能。作为个人，想要成功，就要坚定自己的思想；作为企业，就要专注于自己的主业，如果仅仅为了扩大而延伸，就很容易迷失方向。

创业时义无反顾，经营中量力而行

每个人都有不同的人生，导致这种不同的可能是周围的环境，也可能是受到的教育，但是我觉得最重要的是因为我们所做出的不同的选择。我创业很早，在1991年进入了华东师大中文系，在大学时期就开始做广告。1994年，我已经管理着一家广告公司。到2002年，它大概已经为我赚了5000万元，但是我感觉到了这家公司潜力的枯竭、能力的上限。于是我对自己说，我需要一个改变。

因为我只做过广告，没有了解过其他行业，所以最后我还是决定做媒体。于是在2003年初，分众传媒诞生了，将之前做广告赚的5000万元基本上都投了进去，只给自己留下了500万元。但是谁也没想到，那一年正巧遇到了“非典”，社会一片恐慌，根本就没有客户、没有订单。

赚5000万元是一件困难的事情，但是花掉5000万元却非常容易。仅仅过了几个月，我就只剩下了500万元。我用了10年挣了5000万元，但是仅仅用了5个月就把这5000万元全部毁掉了。那时候每天我都能感觉到我的钱在迅速消失，到了晚上我甚至觉得不是在烧钱，而是烧掉了我过去10年的青春岁月。10年的青春岁月只用5个月就烧完了，这种感觉令我焦虑和痛苦。

那时，我们公司的对面还有一家公司，叫作软银。可我当时并不知道软银是做什么的，更不知道孙正义是何许人也。那段时间我每天都在公司加班，工作到很晚才走。

有一天我和软银的老板在卫生间遇见，相互攀谈了起来。他在了解了分众的业务后，非常感兴趣。就这样，在没有任何商业计划书和财务报表的情况下，他投资了我5000万元，占了分众30%的股份。

当然，如果按照现在来看，这一次的融资我们并不划算。但是对于当时的我来说，就像抓到了一根救命稻草，因为终于有人愿意继续陪我玩下去了。

失败也是胜利

曾经有人问我："在尝试做分众之前，你已经是一个不错的创业者，也赚了不少钱了，为什么还愿意冒着倾家荡产的风险去做分众呢？你的勇气究竟是从哪里来的？"其实我认为，这就是每个人面对十字路口时所做出的不同选择。我一直很相

创业者心态修炼

信一句话，就是当你努力到无能为力时，上帝会给你打开一扇窗。做分众前，我一直对自己说的一句话，就是“Nothing to loss”（义无反顾）。

什么意思？当时我30岁，公司已经可以一年赚1.5个亿了。如果我输了，可能所有的家当都会赔进去，相信绝大部分人都会认为这不是一个好的选项。但是我对自己说，如果我输了，我就有腐败的理由了。我就可以朝九晚五，每天早早下班，去唱歌、看电影来放纵自己。我一直抱着失败就是胜利的想法创业，因为如果我失败了，就证明自己并不是一流人才，那么我也就有理由去放纵自己去享受生活，这不是更好吗？但是最后我赢了，所以我改变了自己的人生。

这个道理，同样可以运用到企业的经营和品牌的打造中。

经营品牌是一场投资

我认为品牌就像中医所说的人体内的元气，如果元气强到一定的程度，人就会变得健康，不一定再要去吃西药。很多事情都是如此。未来的电子商务，利润将主要来源于下面这种情形：当销量快速增长的时候，你的营销成本的上升相对较慢，这就形成了一个剪刀差；现在销量与成本往往平行上升，就会比较危险。我自己也是一个小VC（风险投资），经常投资很多公司。从VC的角度来说，我认为在上市之前，赢多少钱亏多少钱跟我们没有关系，我们只关心上市的时候挣多少钱，以及上市的估值是多少。

我们当年融到钱之后就放手去做，圈地圈楼，把东西圈到一定的程度、达到一定的规模后，规模效应所带来的议价能力就会使成本和效益之间出现反差，这样利润就出来了。反过来，做品牌的价值在于：今天投的钱带来的不仅仅是流量，而且还有人。我花了钱，最后钱是累积的，钱并没有消失，而是累积在这个品牌上的。

品牌是什么？经营品牌不是花费，而是一场投资。为什么有品牌价值评估？品牌价值就是你今天花了钱，就会在价值上做个正向累积，当价值到了一定的程度后，就会迎来丰厚的回报。2009年是宝洁很困难的一年，2009年1月，宝洁高层开会说要降价，因为日子很难过。到年中的时候，数据显示上半年是历史利润率最高的一年。虽然把广告费用降下来了，但是销售额却继续往上涨。因为即便宝洁不做广告，不再增加投入，消费者也不可能在一年的时间内忘记飘柔和海飞丝的存在。所以，当品牌形成后，什么时候想取利息就能取出来，这会形成很强的增值能力。

依赖性才是品牌壁垒

在树品牌的过程当中，要让品牌逐渐发展到一定程度后形成议价能力，形成消费者与你的情感关联。携程当年靠什么成功？我觉得是便宜。人们选择携程，就是因为它很便宜，这很容易理解。但是如今的携程已经不便宜了，却依然有很多人还在用。明知道不便宜还在用，这是因为人们已经形成了依赖，这就不是便宜不便宜的问题了。所以这是一个B2C（企业对消费者的电子商务）商城发展的必由之路。只是在这个过程当中，每个人都要量力而行。一定不能为了打品牌，不要命地往前冲，在融资环境不好的时候死掉了。资金链、现金流的安全非常重要。

中国的实际状况是：融到钱的人，把钱砸下去，回报很高；但是在整个循环过程中，会不断地有竞争对手出来。电子商务最大的问题就是壁垒不强，必须达到像京东、淘宝这等体量才会形成壁垒，其他的壁垒都不坚固，这就是一个知名度高低的问题。

对手和环境会加快你转变的脚步

任何一个成功的企业，都不可能从没有遇到过挫折，分众传媒当然也是如此。不知不觉，分众已经度过了十几个春秋，在几千个日日夜夜里，我们也曾遇到高山，越过险峰，经历了很多挫折。

2003年，分众开始渐渐地出现在大众的视野里。2005年，分众上市，市值从7亿美元一路涨到10亿美元。当时分众的强劲竞争对手是聚众传媒，在我们宣布上市的同一天，聚众获得了2000多万美元的融资。虽然当时分众的账面有2亿美元，但我们需要每个季度公布报表，这就导致我们不敢大张旗鼓地和聚众对打擂台。

在一个偶然的机会，我和聚众创始人虞锋在香港进行了第一次谈判。当时我们达成的共识是，螳螂捕蝉，黄雀在后，如果我们双方再这样厮打下去，很有可能让他人坐收渔翁之利，没必要在客户面前进行低价恶性竞争。

但是事态的发展并没有如我们所谈判的那样，分众和聚众的斗争反而愈演愈烈。比拼到最后，分众获得了胜利，聚众进入了不盈利的窘迫局面，并打算去美国路演上市，于是我便约虞锋进行二次谈判。这次的谈判结果是，分众收购聚众。这样一来，我们在市场上拥有了绝对的定价权。2006年，分众的利润从2000多万美元涨到9000多万美元，其中7000万美元的利润得益于收购聚众。这也印证了一个真理，占据市场垄断地位就有了绝对优势。

然而一家独大的日子并不能长久，在2007年，玺诚传媒出现了，并迅速成为分众的另一个强劲对手。由于竞争激烈，分众开始亏损，于是我们花了3亿美元收购了玺诚传媒。在2008年金融风暴的时候，玺诚传媒做得很差，很多广告主都把广告撤了，导致分众净亏1.5亿美元。然而这还没有完，接下来就是汶川地震，分众选择关闭广告屏。这一系列事件导致了很严重的后果，投资人纷纷撤资，分众市值跌了20亿美元。

通过这些危机，我明确了两个事实：第一，企业的扩张心不能超过自身的实力；第二，企业要想发展不能一成不变，再创新是必然趋势。那么，企业应该怎么进行转变呢？

这个世界没有一成不变的事物，所有的事物都在不断变化中，其中的区别就在于，人们转变的方向不同。一家企业想要存活，想要更上一层楼，转变和创新是必然的。但是过于冒进，想要一步登天反而会得不偿失，因小失大。其实一个接一个的对手和周围环境的改变，会逼迫你不断地改变自己、增强自己，而我们要做的仅仅是把握改变的方向就够了。

在这一点上，企业和人非常像。我在刚刚创业的时候，是一个名副其实的工作狂，每天都要工作近18个小时。因为我始终觉得我们是一个创业公司，需要更高的效率、更大的投入。这个行业给你带来机遇和激情，我个人爱好很少，可能工作已经成为主要乐趣来源了。

但是渐渐地，越来越多的人在讲life style（生活方式）。我也渐渐想通了，我不能要求我8000个员工都选择同样的道路，总会有人更愿意享受生活、享受人生。再后来，随着分众越做越好、越做越大，我又变成了一个霸道总裁。因为我一年见1000个客户，我对市场的判断力足够强，虽然我霸道，但是这种霸道是建立在对众多客户了解的基础之上。

其实我认为，无论是企业还是个人的转变都来自一种恐惧心理，就是怕自己会白活。

以前我们看斯宾格勒的书，看米兰·昆德拉的书，对此有非常大的体会。人生有两种恐惧：一是对空间的恐惧，二是对时间的恐惧。

对空间的恐惧

空间的恐惧就是：你是一个个体，但是你面对的是个大的社会，如果你跟这个社会的绝大多数人不同，特立独行，那你很容易被这个社会淹没。抵御空间恐惧唯一的方法就是变得跟空间一样。

但是空间恐惧被克服的同时就会出现时间恐惧。人生是短暂的，你在告别这个世界的时候怎么对自己说？你有勇气对自己说“我曾经创造过价值，值得这一生”吗？如果你说不出这句话，你恐惧吗？

创业的路上可能很苦很累，但是如果你能想到你今天的价值能为人所用，你可以将自己热爱的东西做到极致，并被别人需要，其实你会累并快乐着。我一直不觉得做分众很累，每天都充斥着挑战和悲喜，我觉得很快乐。我眼中最累的事情是一生到老所有的想法都没有实现，在不得不面对死亡的时候，你没有能力向死亡说“我真的来过”，这才是真正的痛苦。

对时间的恐惧

时间是单向流程。逝者如斯夫，不舍昼夜。我如今40多岁，可不可以再回到20多岁？不行的，没有回头路可走。所以你必须抓紧当下每一个瞬间去创造价值，最后一个人面对死亡的时候对自己也有所交代，努力过，达到了自己能够达到的高度，了无遗憾。我觉得有了这种心态面对死亡时就不会有太多的恐惧。

电影《功夫熊猫》里有一句话：“你今天拥有的一切都是偶然的，你明天失去一切都是必然的。”这句话道出了一个真理，也道出了移动互联网时代企业生存的真理：你必须在有限的时间中不断转变，使你变得更强大，应对危机的能力更强。

控制过程中的每个关键节点

我认为，20世纪80年代的中国就像春秋战国时期或者唐宋时期一样，所有年轻男女都十分钟爱文学。可能正如老子所说的那样，人们“不患寡而患不均”。虽然那时候人们的物质生活很贫乏，但是没有人认为这是什么了不起的事情，因为大家都一样。所以，那时候我们的精力都用在了丰富精神世界上。

那时候还稚嫩的我自然也不例外，我在高中的时候就开始读外国经典文学，比如《存在与时间》《西方的没落》等。那个时候的我从没有想过今天的一切，不敢想也想象不到，那个时候我最高的目标就是当一个诗人，并且也在为这个目标努力着。

投身商海

我是1991年进入的大学校园，那时凭借之前的积累，我成功地进入了学校的夏雨诗社，并迅速成了社长。那段时间成了我人生中很重要的一段时光，因为在学校中“诗人”的身份，使我在整个华东师大都有了一定的影响力。最重要的是，这个身份让我在认识女同学方面变得无往而不利，着实让我得意了一番。

但是“快乐的时间总是短暂的”，这句话放在我身上十分恰当。在1992年邓小平南方视察谈话之后，中国发生了天翻地覆的改变，商业的气息席卷而来，并迅速地吹进了人们的心中，这种思想即便是在学校也无法躲避。

让我发现这一变化的，并不是街上的汽车和暴发户手腕上的表，而是在一次舞会上我邀请女生跳舞时对方的轻视。从那一刻起，我才真正感受到了人们价值观的变化，文艺青年的辉煌时代已经结束了。曾经让我引以为傲的诗词，在人们的眼中已经比不上个体户口袋中的钞票了。

从那一天起，我暂时告别诗人的身份，投身于新时代的商潮中。我想要证明，即便世界改变了，我也依然优秀，依然可以过得很好。就这样，我接触到了广告业，开始学习怎样才能成为广告导演。

能不能掌控自己的人生，关键在于你能不能掌控其中的每一个关键环节。虽然当时的我是一个广告界的新丁，但是凭借之前的知识积累，很快就让我在这个领域中如鱼得水。我还记得，那时还在校园中的我，写广告词的报酬就已经突破了1000元。回想起之前绞尽脑汁发表的诗词，每个月才有寥寥的30元稿酬，一时间感慨万千。

细节决定成败

挖掘第一桶金的顺利过程，让我自信心爆棚，并在1994年担任了永怡传播的总经理。公司的成绩非常不错，1996年，我成为IDG传媒集团上海办事处的首席代表，永怡传播便顺理成章地成为这家互联网公司在上海的广告代理商，我也实现了50万元左右年收入的目标。这个数字在今天看来可能并不起眼，但在当时确实属于较高的水平。到了1998年，在上海整个IT（信息技术）广告市场中，永怡传播的份额占到了95%。

我认为我之所以前期能够如此顺利，就是因为我对细节的严谨态度，追求对每个关键环节的掌控，力求公司的一切都在自己的掌控之中。我的这个性格并非后天造就的，而是与生俱来的，这一点在学生时期就可初见端倪。

> 大学一年级时，学校进行了学生会主席的竞选，我是候选人之一。既然已经参与其中，我就不允许自己有失败的可能。为了保证竞选演讲的尽善尽美，我反复地跟学校老师沟通，每天都进行稿件的背诵与脱稿练习。最终，我以520票（全票为560张）高票当选。

对每个关键环节的认真态度，让我在创业10年后将公司做到了年收入1.5亿元的水平，这个成绩让当时的我心满意足。然而一个人的出现，却让我的成就感大打折扣，他就是盛大网络的陈天桥。我经常将陈天桥与我自己进行对比，感觉他在赚钱的路上开着“法拉利”，而我却坐着“公交车”。

陈天桥1973年5月出生于浙江绍兴，1994年毕业于复旦大学经济学专业，曾先后就职于上海陆家嘴集团和金信证券。1999年11月，陈天桥以50万元启动资金和20名员工为基础创立了盛大网络有限责任公司，很快便拿到了风投。

2000年底，我通过为盛大代理广告认识了陈天桥。当时的互联网企业普遍将网络仅当作一个虚拟社区，还未找到有效的盈利模式。通过与陈天桥聊天，我发现他是一个对自己从事的行业有非常深刻理解的人，远超一般人。当时的陈天桥想的是创造出某种卡通形象，让它在网上跟人一起生活，这样他就可以最终出售卡通形象及其衍生产品，使之成为人们喜闻乐见的品牌。

然而，盛大接下来发展得并不顺利，那个卡通形象的想法最终没有实现。300万美元的风险投资很快便只剩下了30万美元。最后，陈天桥决定孤注一掷，将所有的希望都赌在了一款叫作《传奇》的韩国游戏代理权上。我当时认为这一举动太过冒险，完全不给自己留退路，但陈天桥却力排众议，坚持自己的决定。

2001年底的一个晚上，我跟陈天桥一起喝茶聊天。陈天桥很兴奋地跟我说当天晚上有11万人同时在线玩《传奇》。我与陈天桥不同，对网络游戏并没有太大的兴趣，但我对陈天桥所讲的这种商业模式带来的可观收益感到吃惊：盛大代理《传奇》仅仅两个月时间，便已收回成本开始盈利。陈天桥一直在跟我讲网络游戏的光明前景，它为什么是一个巨大的产业，以及当初自己把仅有的30万美元押到《传奇》上的冲动——那些钱只能支撑两个月。

我本来也是个喜欢表达的人，但在那个晚上却基本上没讲过话，一直在听他说。回到家里已是凌晨1点多钟，受到刺激的我将能够记忆的陈天桥的话都写在了日记本上。

陈天桥的这场豪赌震惊了中国所有的商人，而我作为目睹者，心中更是掀起了惊天巨浪。盛大赚钱的速度让我惊讶，陈天桥的决断力更是让我惊叹。看着他坐上了赚钱的“法拉利”，我暗暗告诉自己，即便我不能像他一样快，但是至少也要开上“奥迪”才行。

对于细节的敏感和掌控欲望帮助我完成一次又一次的决断，也支撑着我行进在前进的路上。

可以在弯路上成长，不能在利益中迷失

一个企业从无到有，从小到大，从青涩到成熟，就像一个小孩子一样。在分众成长的路上，我们也犯过很多错误，走过很多弯路。但是，我们也正是因为这些弯路，才一步步走到了今天。

我曾经发现，收购、兼并是一件会上瘾的事情。2006年，分众在收购、兼并一些公司后，利润一下子达到了9000多万美元。2007年，分众已经是一个有着1.8亿美元净利润的公司，市值达到了86亿美元。这样的成绩，一度让我仿佛回到了青春期时的那种自我膨胀。

当时我感觉自己已经懂得了并购的道理，“不就是兼并掉竞争对手，或者收购掉类似企业吗？”但是好景不长，这种自我膨胀没有持续多久就破裂了。

第一个问题是，公司发展不可持续。收购之前，每个公司

都说自己的业务是可持续的，但事实证明，在后来连续收购的二十几家公司中，大部分都做不到这一点。

第二个问题是，故事讲得太完美。在资本市场，市值管理是一件非常有挑战性的事情，那时候我们叫“把PE（私募股权投资）做高，把故事讲完美”。

当时我的方法论就是把几十家公司统一成一家公司，只要垄断了这个行业就有定价权，就占领了市场的主要份额。于是，我开始投资互联网广告、手机广告和数字电视的开机广告。

但其实代理公司没有用，虽然我掌握了中国当时比较大的互联网广告代理公司，但是依旧不能对媒体指手画脚。和收购公司三年对赌协议到期后，这些人便通通离开了公司再次创业，反过来和你竞争。

所以，在美梦破裂后，我们开始舔舐伤口，总结教训。

首先，收购、兼并中千万不要为了收购而收购、为了PE吃PE，因为很可能吃进来的是毒药。如果收购的公司和自己公司的业务协同能力不匹配，你将要付出巨大的心血和代价。它会让你的主业模糊，精力分散，一旦内部人员走掉后，留下的只是空壳，最后的累还是自己扛。所以我认为，企业还是要聚焦主业，做透自己的主业，不熟不做。

其次，发心不可不正。2006、2007年时，我觉得收购、兼并太容易赚钱了，还要主业干什么？人总是贪婪的，总想找轻松的活去干，反而在这个过程中失去了很多。于是在2009年，我砍掉了很多业务，重新回到了我最擅长的公寓楼、写字楼、电影院和卖场。你会发现，当我们心无旁骛、聚焦主业的时候，越深挖越能看见水涌的可能性。

所以，大家千万不要因为觉得收购、兼并容易赚钱，就失去了在主业上深挖和创造主业竞争力的动力。

最后，我得到的经验是收购资源型公司最可靠。当时我们收购了很多互联网营销公司，这些公司的真正价值不是组织架构，而是创业团队，他们掌握着客户和资源。等收购结束，或者对赌协议到期后，人都散了，只留下个空壳。世界上最不可靠的是人。

所以，收购还是要收购资源型公司比较可靠，或者收购公司只能占小股，让被收购公司的创业者利益最大化，这才是根本。

分众当时就是被快速得到的利润冲昏了头脑，迷失了本心，所幸挽救及时，没有受到太大的损失。而另外一个错误，却险些让分众支离破碎。

分众2005年7月上市，那时候比百度还能赚钱。到了2007年，在连续三个季度百分之百增长之后，百度市值就已经追上来了。

当时有一位朋友持有我们的股票，我们在聊天时，我问他："为什么百度的PE是100倍，而我们家只有25倍呢？"他说："因为你们分众所做的东西是有限的，你们做的是空间。我经常想10年后把这件事都干完了之后，你能干什么。"但是他认为百度却是无限的。这次对话给了我一个很大的启发。我们注定要去做生活空间、做媒体，这个道路本身也就决定了我们的高度。

我当时觉得必须要把公司的宣传语改掉，以前叫“中国最大的生活圈媒体群”，后来就改名叫“中国最大的数字化媒体集团”。因为当时还没有很多公司做这个，我们就起了这么“大”的一个名字。我们当时收购“好耶”，并且收购了大概七八家这样的公司，那个时候我们合在一起肯定在数字电视广告领域中是中国最大的。后来我们还把中国最大的10家手机广告公司全买下来。因为“数字化媒体集团”这个名字起好了之后，你就必须进行填充。最后确实变成了数字电视、互联网、手机三个领域最大的广告公司，还进军了数字电视开机页面等广告。

“中国最大的数字化媒体集团”讲多了，我们自己也慢慢相信了，最后觉得这个布局很完善。当时我们的PE大概涨到四五十倍，有八九十亿美元。但是走到后面，大概是2008年就从86亿美元一下子降到了6亿美元，仅仅一年时间就只剩下一个零头。这个巨大的变化使我不得不反思：我们为什么会从86亿美元瞬间跌到6亿美元？除了金融风暴的影响和偶然性的事件，必然的因素是什么呢？

最终我发现，我们第一天的想法就有问题。我们在讲故事的时候，要看故事的代价有多大。你讲故事的时候把自己的业务逻辑全打碎、打乱了，并且延展大了之后，为了PE这个导向，想在原有业务逻辑上加一点东西——你想加点调料让这个菜更好吃，但发觉这个调料起作用后就越放越多，最后主菜没了，全是辣酱了。

因此，我们讲故事的时候不要打碎自己的业务逻辑，要懂得适度。调料要不要加？加一点，但是调料加多了就完全掩盖了主菜，这是很危险的，你不要为这一点点调料完全改变做菜的业务结构。

我认为这是一个血淋淋的教训。这个教训的核心就是：你当时听了别人的话，别人说我们不够性感，我们就去把衣服、裙子剪短一点。其实，我们做生意还是要回归本质，讲故事要适度。因为故事讲着讲着最后可能自己就信了。讲多了，投资者就会开始看你具体做了哪些事，那么你在前进的时候就必须要投入大量的资源，而这些资源一旦出事，产生的损失相比你得到的要大得多。

发心不可不正的另一个含义，在于凡事都要用正向的心态。分众是个内部十分民主的公司。我们也听到了很多的吐槽和不满，但我觉得我们要用共同的目标去实现它，光靠吐槽解决不了任何问题。人生就像两个橘子，一个大而酸，另一个小而甜。如果你拿到大的那个时埋怨它很酸，拿到甜的那个时埋怨它很小，那你的人生永远会非常痛苦。如果你拿到大的那个时感谢它很大，拿到小的那个时感谢它很甜，那么你的人生就是幸福的。

天堂和地狱其实只在咫尺之间，只在你的六尺之躯。你就是你自己的天堂，也是你自己的地狱，核心在于你用何种心态去看这个世界。有些人会说，学习是痛苦的，学成之后就会很快乐；工作是痛苦的，万一工作赚钱了，享受成果就会很快乐；奋斗是痛苦的，成功之后就会很快乐……那么，我问大家一个问题，如果恋爱是痛苦的，那么结婚就会很快乐吗？我觉得学习有学习的快乐，学成有学成的快乐，二者不可混为一谈。如果你不能够体会学习的快乐，就不可能学有所成。

所以大家可以看到，在分众的组织体系之下，学习、工作、奋斗有着无穷的乐趣。你带给自己的自信和价值感，是属于你的幸福。未来的分众注定会一路坎坷，会有许多麻烦和问题如影随形，世界不会记得你抱怨了什么麻烦，只会记录下你解决了什么问题。

换个角度想想，我们为什么而奋斗？很多人是为了报答父母的养育之恩和夫妻的相遇之缘，是为了尽我们最大的能力让我们的孩子过上更好的生活，这是我们奋斗的初衷，是我们奋斗的小目标。上有老下有小，中间还有你的妻儿，如果时至今日，你还没能实现这个目标，就需要继续努力，这是一个人在这世上的基础目标。

当你完成财务自由的小目标之后，便走入了中期目标。所谓奋斗的中期目标是什么？我觉得是帮助你的客户、朋友、同事、下属和组织一起成长、一起成功。很多年轻人的成长都跟他们的领导息息相关，不是领导对他们的鼓励和容忍，他们可能走不到今天这一步。

除了以上这些中期目标之外，我们还得有奋斗的大目标。在印度电影《三傻大闹宝莱坞》中，帝国理工学院院长说过一句话："你们能走到今天都是非常幸运的，首先你们是一颗精子，打败了无数颗精子，夺得了生存的权利。而你们还能进入帝国理工学院，所以我相信，你们不仅是幸存者，还是无数精子中的成功者和幸运者。"尽管如此，如果你在取得成功之后没有正心正念，我认为所有幸运终将离你而去。我们之前取得的所有成功，都离不开这个时代和这个国家。我们理应将奋斗成果中很大的一部分，去回馈给这个时代，去帮助别人，让下一代人能够拥有一个比我们更好的未来。

我有时候也会问自己，在实现了财务自由、拥有三五辈子都花不完的钱之后，还有什么奋斗的动力？我觉得如果通过我的奋斗，能够为引爆中国新经济品牌和推动中国品牌化的浪潮尽一份力，让其他企业做得更好，创造更大的利润，让其他品牌背后的这些工人和创业者生活得更好，那就是我的成功。我们今天创造的财富和价值，最终如果能用在推动我们的下一代拥有更加美好的明天上，那就是有意义的和有价值的。陈春花老师讲过一句话，我觉得深得我心："所有生意的本身，就是去帮你发现生活的意义。只有生活的无限，才会铸就商业的无限。"

第8章

拥抱变化，赌对不变

今天的传播就是两个方向：拥抱变化和赌对不变。当所有内容都转向移动端后，我们就必须要学会创造内容，创造话题，融入内容，融入话题，才能聚集流量引发爆点，让自己的产品、品牌深入人心。

新经济形式下的品牌传播趋势

我认为整个中国形势的发展有几大动力。第一就是城市化的加速，这一点很好理解，无须赘述。第二个动力是品牌化的加速。随着城市化的加速，农民进城之后催生了消费的巨大动力。同时在中国的各个地区，众多国际品牌都在无孔不入地从城市向农村，从一、二线城市向三、四线城市发展。整个品牌化的加速使大众决策的依据从完全性价比决策价格导向，转向品牌影响力导向。在这样的趋势下，所有一、二线城市的消费升值动力正在大幅度加强。随着大家可支配收入的增加，我们可以越来越清晰地看到消费的需求和升级。

80后成为主流消费者

其实，在今天的中国，真正能够拉动消费的主力军已经变成了80后。从80后这一代人开始，才真正进入了所谓的享受时代。我自己是70后，我能够感受到70后的我们已经日益成熟，成为这个社会的中坚力量。而80后也在逐渐长大，成为这个社会中的主要消费力量。可以说，正是70后和80后为中国带来了消费力量的显著上升。所以，70后和80后的市场是非常有潜力的，而这个市场就是未来中国黄金十年主要的缔造者。

如果我们仔细观察就会发现，其实70后和80后之间有着非常明显的差别。我一直认为70后是过渡的一代，而80后才是真正持消费主义的一代。也许大家看过一则广告："一年买两件好衣服是道德的"。这就是典型的70后的语言。而当我们从物质贫乏转向富有的时候，80后的观点已经变成了"一个月不买两次好衣服是不道德的"。所以，如果说70后是有理想、不断实现自己价值的一代人，那么80后就是更加懂得生活、更加注重乐趣的一代人。

70后往往都是工作狂，每个人都在为自己不同的目标而奋斗着；而80后则大多不喜欢"工作狂"这个称呼，他们更希望的是自己的生活更加快乐。70后是低调有主见，做得很好也认为自己做得一般；80后是高调有想法，做得一般也认为自己做得很好。70后是有存款才消费，而80后则是越透支越快乐，这是消费理念的一种改变。所以我作为媒体人，目睹了消费主义、享乐主义一代的诞生，这就是中国内需的巨大动力。

互联网改变生活习惯

所以在70后、80后崛起过程当中，我们必须重视起品牌的趋势，因为我们已经看到这群人的追求习惯已经发生了根本性的改变。70后相对忙碌，而80后却是在互联网中长大，他们的生活习惯、消费习惯都发生了很大的改变。

作为互联网的一代，80后和90后在没有电视机的世界里，完全可以生活得怡然自得，但是如果没有电脑、没有网络他们却是无法生活的。所以，我们可以看到整个互联网时代已经进入2.0时代。现在不是我告诉别人什么东西的时候，而是所有人问所有人、所有人告诉所有人的时代。所以，在互联网2.0时代，我们可以看到互联网新兴网站的崛起，各种新兴词汇的崛起。在这个时代中，我们看到的都是相互之间的信息分享，消费者除了相信达人之外，还相信和自己类似的人，所以这是2.0时代的特征。

最后的趋势则是，人们变成了被移动终端包围的一代。智能手机的产生，使得手机上的商机越发巨大，而集中起来的手机服务，将对媒体产生更加深入的影响。

所以传播的趋势已经发生了如下变化：以前消费者是在引起注意之后产生兴趣，然后在适当的时候购买；如今消费者是在引起注意后自主进行调查研究，然后分享意见。由此可以看见，今天的品牌不再掌握在广告主手中，而是彻底被消费者掌握。

所以我的总结是：在品牌传播中，要品牌化地发展区域，结合主流消费阶层的媒介接触习惯调整策略，加大数字化媒体的比重，形成立体组合，围绕消费者的生活轨迹展开全方位传播，发挥媒体的协调效应。

可以预见，在未来的十年里，品牌的聚集度会越来越高，各行各业都会涌现出千亿级的品牌，这是个不争的事实。品牌在消费者心智中的容量有限，这导致你必须成为每个行业中数一数二的领军者，数三数四就会变得非常危险。千亿级品牌的不断涌现，将会给品牌传播公司带来最大的机会。正如分众，分众的人力和精力有限，其实服务不了那么多的公司，最后一定会成为那些涌现头部力量的公司的主要助推器，我们帮助它们从现在几亿级的体量向百亿级进军。我相信在分众未来5~10年的发展当中，会铸造或者助推出更多的千亿级品牌。而在它们的增长中，我们能够实现自身的增长，也就是我们经常说的“成就客户就是成就自己”。

价值决定市值，你能够做到多大，取决于你能帮客户做到多大，这永远是品牌传播企业所依赖的价值观和使命感。如果没有这种价值观和使命感，我相信我们即使走到500个亿，也会在501个亿时倒下。

品牌传播的真正目的是帮助客户解决问题，而不是销售公司产品。客户其实对一台钻孔机并不感兴趣，他要的是4毫米的钻孔，我们绝不能将自己定位为销售，而应是专业的咨询顾问，必须帮助客户管理好“因果”。品牌传播公司帮助客户研究定位、梳理创意，最后保障的是传播效果和品牌引爆能力，这就是因果。我之所以一再让分众的团队去学习定位理论，是因为如果我们无法管理好因果，便很有可能难以控制。

所以我觉得在这个世界当中，所有做品牌传播的同行都要问问自己：你今天在这个行业生存靠的是什么？你依靠的是对客户的深入了解、专业而强大的知识体系，依靠的是你的方法论。只有你最终成为专业的咨询顾问，才能和客户形成密切的联系。我们不是跟客户做生意，我们实质上是一起在做事业，把客户的事业做大了，我们自然就做大了。所以，品牌传播公司和客户是彼此成就的命运共同体，只有这样去看待我们的客户，跟他们荣辱与共，成为命运共同体，我们才能赢得客户的尊重，赢得共同的发展。

审视自己的存量、变量与增量

在移动互联网时代，有很多传统公司与互联网公司面临着转型的焦虑，因为移动互联网重构了很多规则。那么，在新规则之下传统公司究竟如何才能转型成功呢？我认为传统公司转型首先要分析三件事。第一，你本来的存量资产是什么？你在这个行业中的存量资产有没有受到冲击？第二，移动互联网对你原来的商业构架、商业模式是否形成变量？第三，移动互联网可能给你这个行业带来的增量是什么？我认为，只有分析清楚自己的存量，看清楚自己的变量，找到自己的增量，才能在移动互联网时代做好转型。

我们可以将分众作为例子。

移动互联网对存量市场的影响

在移动互联网开始崛起时，分众就开始了自己的思考。首先，移动互联网改变了什么，它会不会对分众的存量市场产生不良影响？互联网加速了资讯模式的变革，比如电视变成了视频、报纸变成了新闻客户端。我认为这确实会给媒体产业带来剧变，但是它对分众存量的影响其实是很小的。

在此之前，我们已经说到，对于消费者来说，接收信息的方法可以分为主动与被动两种。如果我们将其分开来看就会发现，移动互联网的崛起，改变的其实只是人们主动去找信息的渠道。

而想要成功围捕一个消费者，则需要左手抓住他最主要的资讯模式，右手抓住他最主要的生活空间。所以说，虽然大家的资讯模式发生了非常大的改变，比如移动互联网使得大家的注意力往移动端转移已是无可争议的事实，但是主动的资讯模式并没有改变人们被动的生活空间。从生活空间上来看，一个人还是要回家，还是要上班，还是要到电影院看电影，其实这些消费者赖以存在的生活空间并没有改变。

移动互联网改变的是人的思维方式，但是从人的物理空间来说，消费者还是离不开这些空间。从这个角度来说，人流并没有发生改变。主动的资讯模式有变化，但被动的生活空间其实很难变化。因此，我从主动和被动的角度切开来看，发现分众在被动的生活空间中所占有的优势，即存量并没有受到影响。

移动互联网会不会影响变量

其实，分众传媒最大的变量来自无聊的时间会不会被解构。经过调研，我们发现，大部分电梯里面没有3G、4G信号。在这段时间和这个空间中，消费者没有办法去关注手机，我们的电梯海报广告就形成了强制性收视。在超市卖场里面，大家都推着车走，并没有出现一边推车一边看手机的情况。在电影院里面，灯亮着的时候还有人在看手机，当灯一暗，开始播广告的时候，大家就把手机全部收起来了。所以，实际上，移动互联网对我们这三个媒体没有什么影响。

但是，移动互联网对电梯电视还是有一些影响的。原来在电梯口，真正看手机的人大概只有5%。但是到了移动互联网时代，因为智能手机的崛起，这个比例一度上涨到了15%~20%，这对我们的模式产生了一定的影响。所以，我们在研究后发现，移动互联网虽然对我们的4个产品线有一定的影响，但影响并不是太大，这就是我们看到的变量市场的现象。

移动互联网对增量的影响

我们在前面已经提到过，分众用过一种方法叫“垃圾分析法”（见第3章的“物业云”），通过对垃圾的收集和扫描判断消费者的喜好和消费水平。但是很快我们发现，这种品牌偏好的搜索是非常费精力和金钱的。

现在，我们想研究在公寓楼、写字楼里面，大家买的东西和品牌到底是什么。所以，我们和电商公司合作，通过研究电商云，就可以知道每一个楼盘用的都是哪些品牌。因为电商送货不是送到公寓楼就是送到写字楼，这对快消品的分析是非常有效的。

我认为，这些数据的累积带来了一个非常大的价值，会帮助我们对不同小区形成最有效的精准化投放，这就是移动互联网给我们带来的增量价值。

在移动互联网时代，每个企业都要想清楚你的存量如何，你的变量如何，你的增量如何。我认为要去评估过这些之后才能去做转型。当你的存量已经不复存在的时候，你需要大胆地颠覆自己的做法；如果你的存量并没有被动摇，而你的变量开始有一些全面的、全新的解决方案，我认为可以在变量过程中做优化，去创造更多的增量资产。

另外，我特别喜欢贝佐斯的一句话：我虽然不知道未来5年、10年的变化是什么，但我知道10年之后什么是不变的。那我就可以针对10年之后什么是不变的去建立我今天的商业战略，这是比较容易的。

分众也是这么看的。在今天的市场当中，由于我知道5年、10年之后什么是不变的，所以我们沿着“不变”去制定商业战略更加容易。如果分众的创新是自己做个App，那我们一定不会是个优秀的公司。

今天，我们更多的战略不是去做个App，而是把移动互联网、云计算、大数据等技术运用到我们已经占领的生活空间媒体上，使得我们今天拥有的生活空间媒体的价值进一步提升，我认为这是更好的方向。

未来10年要抓住中产阶层的消费升级

如今，越来越多的企业将目光放到了消费品市场中。那么既然做的是消费市场，就一定要知道中国消费市场的趋势是什么。中国的消费市场，正在全面进入一个缓慢增长的节奏。即便是快消品，其增长也非常慢。整个消费品都在大面积失速，并且这个过程还会持续很长时间。

在这几年中，我走访过很多企业，它们在这样的环境中都过得惨不忍睹。对于这样的局面，互联网公司可能感受不深，但是我的客户70%是来自传统公司，所以我有很深刻的感受。我感觉如今传统公司的日子非常难过，快消品的实际增速只有3.5%。其中分为两个方向：一是宠物食品和酸奶，这个还好，只要是中产阶层消费升级的产品，都还可以；二是啤酒和方便面，以前这些产品叫刚需，但是如今捉襟见肘的都是这些刚需产品。

2009年，宝洁、联合利华很高兴，即使市场乱的时候，最不会受影响的也是牙膏、牙刷、洗发水等刚需产品。那个时候它们确实没有受到影响，因为当时它们还是两位数增长。但是现在这些刚需却变得岌岌可危了，好像突然之间大家不要洗发水了，化妆品销量也是全面下跌。其实，并不是人们不再需要了，而是现在出现了海外代购这个市场。这个市场中引进了很多以前大家不认识的品牌，对传统中国市场的品牌造成了冲击。以前还可以涨10%，但是现在如果1万亿元的化妆品市场，代购占了1000亿元，那么你的增长也就没有了。

所有原来消费者耳熟能详的品牌，其实都面临老化和消费升级的问题。

根据WPP集团（世界最大的传播集团）对中国品牌前100名的研究，成功的品牌主要靠的是超高价的定位，也就是超过市场均价150%以上的定位。而在失败的品牌中高价和超高价定位的比例很低，只占14%，大部分定位的是中低价市场，并且已经逐渐在这个市场上没落了。这就是消费升级带来的改变。在消费升级过程中，哪些人在增加消费呢？为什么消费要升级？因为中国的消费力在崛起。5年前大家都在讲家电下乡，很多企业的增长都来自“下乡”。最近国家推出的很多优惠政策用完了，你会发现该买不该买的农民也都已经买完了。那么这时是谁在增加消费呢？是“三高”（高学历、高收入、高消费）人群在增加消费。他们更重视创新和潮流，谁代表了未来的趋势他们就买谁的产品。你会发现他们更注重品牌和品质，也更愿意为品牌和品质付出溢价，他们更接纳以用户为中心的产品。

大家可以看什么是消费升级？消费升级的原点是什么？它来自20~50岁喜欢高品质、追逐潮流、愿意分享的人。

中产阶层有三爱、三怕、三缺：他们爱美、爱玩、爱健康，怕老、怕死、怕孤独，缺爱、缺心情、缺刺激。回过来说，他们的消费心理是什么？他们的消费心理更加情感化。跑步是健康运动，但是没有教练的跑步就是自我伤害的运动，还不如走路呢。跑步之所以这么流行，是因为它已经成了一种时尚标签。我经常和别人说我最喜欢的运动就是跑步，心情不好的时候就会去纽约跑马拉松，这显得十分高雅。

对于这部分人群来说，购物在很多情况下都是一种单纯的情绪发泄，没有任何目的。

电影是一场情感修复

如今的电影想要卖座，就要符合人们的心理诉求。2017年2月14日，我一个人跑到影院看《爱乐之城》，因为我觉得压力很大，特别需要别人给我讲一个梦，温暖一下我的内心。我曾经分析过《西游伏妖篇》为什么没有超过《美人鱼》，答案之一就是因为在大年初一，大家需要的是喜剧、是合家欢。但是《西游伏妖篇》是类型片，有点像恐怖片，它的适用面不太广。但是《美人鱼》《疯狂动物城》却是谁都可以看的。迪士尼的几乎所有电影都是合家欢，所以它获得了更大的受众群。

第二个原因，我们会发现，虽然很多人觉得《美人鱼》肤浅，但是这个片子的主题有一种正能量，在春节的时候迎来了一种希望。但是《西游伏妖篇》可以说是一个暗黑片，一个暗黑片和正能量的片春节的时候放在一起，结果显而易见。《爱乐之城》就是一部充满正能量的电影，虽然没有很大的新意——就是做你自己，过你自己的生活，你要什么，放弃什么——但是当我们看完之后有一种被温暖到的感觉。

对今天的中产阶层来说，他们面临很大压力，电影对他们而言更多的是一种情感需要，是一种情感修复的过程。

旅行是一种心灵补偿

虽然大家都知道，在春节时期旅行会在高速公路上堵着，但这是人们的一种心灵补偿——我工作那么久，终于有一个假期，我就是要出国，就是要去外地。所以很多低价的产品逐渐被品质、品牌、满足心灵的产品打败；所谓的刚需产品被有品位的、标签化的产品打败；所有实用主义的东西被情绪的、氛围的、场景的东西打败。所以有一句话写得很好——“哥吃的不是面而是寂寞”。它传达的意思不是吃这碗面，而是吃这碗面的场景、氛围以及情绪。所以我觉得必要的东西已经逐渐被想要、潮流的东西取代了。

商品变成了抚慰心灵的东西

如今的商品已经不再是实用主义的东西，而变成了一种抚慰心灵的存在。中产阶层消费能力在不断升级，这2亿主流消费人群，是意见领袖和口碑冠军。所以我觉得很重要的问题是，我们要判断出这个消费市场的方向标人群：一线城市月收入在1万元以上，二、三线城市月收入在5000元以上；20~50岁，喜欢中高端品质，喜欢尝试新事物，愿意分享。我认为谁争取到消费风向标人群谁就能获得胜利。

我们一直在讲要“拥有前20%的人”。无论什么产品，你只要引爆前20%的人，市场跨过了这个断层，也就迎来了全局的爆破。中国的市场中存在着很多挑战。比如说娃哈哈纯净水，曾经一度是中国非常主流的产品，做过“我的眼里只有你”这样深入人心的广告。但是因为没有跟上消费升级的步伐，企业经营出现了很大问题，就是因为它没有赢得消费风向标人群。在以前渠道为王的时代里，谁绑定了渠道谁就能赢得这个市场。但是在今天的市场，如果你无法赢得一、二线城市主流人群的心，你也就走向了失败。

我出生在上海，从小在舟山群岛和舅舅家的表兄弟一起长大。十几年前，我舅舅家的表弟来上海，我带他去恒隆商城。我说：“你要买什么随便买，我负责买单。”他听了之后非常高兴，对我说：“这么大的商场，就不要瞎逛了，你只要告诉我几楼有七匹狼就行了。”听到这话我内心一阵狂喜，因为我可以省很多钱，如果他想要买阿玛尼，我可能会很焦虑。这就是我们两个人的品牌认知不一样，他是看《舟山晚报》长大的，而我是看《新民晚报》长大的，接受的信息不同。

但是在2016年春节的时候，他对我说：“大哥，我今年有一个想法，想换车，把我的车卖了，换一辆特斯拉。”我说你知道特斯拉干吗的吗？你知道你从舟山群岛开着特斯拉，要住几晚上才可以到上海吗？没有人会把家里的车卖了换一辆特斯拉，只会已经有了一辆再买一辆特斯拉。特斯拉是用来充面子的，而不是跑长途用的。虽然他并不理解那个东西，但是我已经发现，他的信息距离和我越来越近了。因为他不再看《舟山晚报》，我也不再看《新民晚报》了，我们看的都是腾讯新闻App，看新闻头条，他也看我的朋友圈。所以信息高速一旦被打通了，一、二线和三、四线城市之间的认知壁垒就逐渐被打破了。

要掌握70%~80%的都市消费，其实就是掌握2亿中产阶层。像分众这样的公司，之所以能够覆盖78%有家庭汽车的、80%经常私人旅行的、80%拥有私人住房的人群，就是因为我们当年的选择是引爆主流人群。我相信，在中国社会，只要占据了这一群人的心，就占据了主导地位。

切入头部内容，引爆主流人群

媒介环境在过去几年也发生了巨大的改变。互联网的收视时间，在移动互联网时代已经超越了所有传统媒体的总和。中国有近14亿人口，其中10亿人拥有电视机。而收视率最高峰大概多少？如今冲到2%已经很难了，最高峰的时候是达到了3%~4%，叫现象级收视，大概是三四千万人看一个栏目。但是收入每月达5000元以上的人占多少？大概是7%~12%。你赌对一个最牛的电视栏目赞助商大概也就是三四百万主流人群。

2016年发生一件事情，《琅琊榜》《花千骨》这样的热播电视剧先是在湖南卫视播放，之后在爱奇艺播放。而现在是爱奇艺先播出了，在湖南卫视上还看不到，电视台没有。这就证明了，一部电视剧火了以后就可以收费了，热播韩剧《太阳的后裔》就是收费的转折点。所有互联网视频都明白了一个道理，只要电视没有播，我在互联网上播出就可以收费。比如腾讯视频收费人群一下子从1000万上升到4000万。它在2017年曾用9亿元买下一部剧，之所以敢投入如此巨量的资金，就是因为腾讯视频的商业模式有很强的收费功能。腾讯会员费是每月20元，4000万人就是8亿元。腾讯视频之所以不惜代价买下这部剧，就是为了让其他平台等到三个月以后才能播出。所以我们发现，腾讯视频做了这件事情之后，收费的浪潮随之掀起。如今很多受欢迎的剧都是在网络视频上先播出。

大家所有的时间都去看微博、微信、新闻客户端了。但是在微信或者微博这样的平台上，大家主要是看内容，大家在看了那么多的内容后，真正能够记住的商业广告却非常少。如今的企业，主要还是要做内容、做公关、做话题，创造可以被传播的内容。但是，这些都是苦差事。像王健林、王思聪这样自带流量、自带话题的人，毕竟是很少的。所以，如今的老板们一定要人格化，要敢于经常语出惊人，敢于经常开发布会。如果说不具备这些特质的人，想要在今天的社交媒体上形成巨大的风暴几乎是不可能的。因为如今产品的质量、品牌的故事想要引起人们的关注是很困难的。

而视频的投放者也要进行两个改变。第一，赌对头部内容。因为现在的视频量很大，有那么多的视频网站，同时上架好几百部剧，如果没有赌对像《老九门》《三生三世十里桃花》这样高收视率的剧，那么将没有人记住你的品牌。所以，你必须要赌对头部内容。

第二，你即便赌对头部内容也会面临另外一个问题。虽然收费会使互联网视频的获利能力大幅度提升，但是也削弱了针对主流人群的广告能力，所以大家要在一集当中折腾一个创意贴，300万一条，每一集出现一次。

我再回顾一下中国广告市场的一些变化。2015年，中国广告市场营收额下跌了2.9%，2016年下跌了0.6%。其实我认为中国的广告市场可能已经下跌了5%以上，只是还没有体现出来而已。2015年，报纸杂志都是30%~40%的下跌，而分众电梯媒体大概上涨了17.1%，分众的影院上涨了63.8%，互联网上涨了22%。

2016年，影院广告的增长从60%下跌至44%，电梯海报上涨了24%，电梯电视上涨了22.4%，互联网的增长从22%下跌到18.5%。我相信再过两三年，互联网广告也会进入个位数增长。整个广告增长都非常吃力，相比较而言，广告增长最强劲的还是互联网，可见传统经济的日子并不好过。

附录

营销定位实验室

在“营销定位实验室”中，江南春为学员详细讲述了品牌从0到1，再从1到无穷大的常规路径与特殊打法，并且通过现场教学与互动，在完善商业模式的同时，帮助学员解决实际遇到的各种品牌与营销难题，让抢占心智从理论形态完美落地。

江南春问答

在黑马营销定位实验室中，我除了为大家讲述相关的理论知识外，还和学员们进行了零距离的深度互动。以我自身的经历和经验为学员们答疑解惑，仔细分析他们的核心问题之所在，为他们提供了很多宝贵建议。在此，我节选了一些具有代表性的问题，来看看能否给面临同样处境的你带来一些启示。

1

学员：对于那些主要为小商家、小企业服务的B2B（企业对企业）供应链产业，通常情况下市场开拓是通过地推来实现的，这是不可避免的。我在想，有没有一些移动互联网的新方法，可以加速地面推广？

江南春：事实上，对于这样的企业我认为地推是一个主流方法。如果说要借助媒体的方法，可以采用“电子围栏法”。

电子围栏是当前世界上非常先进的一种周界防盗报警系统，可以将入侵信号迅速反馈给相关管理人员。而应用到B2B企业，就是在特定的地理位置中，向所有进入该区域的用户发送相应的消息通知。比如，我在淮海路市场设定了一个范围，我借助某些方法了解到你总是在淮海路这个范围内活动（因为现在大部分App都是有位置信息的），当你走进这个范围，我就可以推送给你一个消息通知。

简单来说，电子围栏利用的就是地理位置。比如说陕西南路旁边是以小店为主的区域，你一进入这个范围，手机就会跳出电子围栏的消息通知。“花乡二手车市场”常用的一个推广方法便是把花乡划出一个经纬度，在花乡周边100米之内，对个人进行推送，只要进入这个范围就会跳出消息通知，这也是可行的。虽然这个方法绝不是100%精准，也有可能“误伤”人民群众，但是相比传统的大海捞针般的推广方式，显得更加靠谱。

2

学员：您怎么看待电商？接下来几年，电商的机会在哪里？应该注意哪些事情？

江南春：我觉得电商对于商业而言是一个巨大的改变。互联网未来会成为手机的一个补充部分，整个电子商务可能会以手机端为核心展开，不再以PC（个人计算机）端为核心。虽然现在电商领域里已经形成了淘宝、京东这样的几个巨无霸，但依然存在着无数B2C垂直电商的机会，任何垂直领域中都能产生极其出色的企业。

能抓住垂直电商机会的人大概分为两种：第一种是重供应链出身的，对弹性供应链的组合能力非常强，能够随时随地根据消费趋势的改变组合后端供应链条；另一种是互联网出身，运用互联网技术的能力非常强，能够准确挖掘消费者的前端需求，判断市场趋势。

虽然现在电商行业增长的速度很快，但营销成本同样大幅上升，最后能活下来的肯定是品牌电商。未来电商也会越来越呈现出品牌化的发展趋势，而不会过度依赖于SEM（Search

Engine Marketing，搜索引擎营销）等引流手段。当然，在垂直电商创业之初，SEM等还是需要去做的，但长期而言效果会越来越差。这就像是吃头疼药，如果不吃，头疼欲裂让你彻夜难眠；如果吃了，开始时效果明显，但慢慢会产生耐药性和依赖性。另外，如果头疼药的价格恒定，那么大家也能接受，但问题在于随着买药的人不断增加，头疼药的价格被越炒越高，这就又涉及性价比的问题。一般而言，品牌知名度越高，转化率也越高。

当然，在品牌之路上，每个电商都应量力而行，不能为了打品牌而不惜一切代价，资金链和现金流的安全至关重要。

3

学员：我的产品是涂料，但是可以替代瓷砖，将来卫生间涂料不需要去贴纸，我的产品是防水的。如果想让我的产品改变消费者的习惯，我的广告策略要注意哪些问题？

江南春：怎么改变并影响消费者，这是一个革命性的问题，我一时半会儿也没有办法给你准确答案。但是这倒是和我们做户外传播一样，因此我可以结合我们自身经历，给你几点建议。

在产品的广告宣传上，首先，一定要先将产品本身的优势讲清楚。比如涂料的优势就在于成本更低，不用铺，很简单，整体性非常好。然后要考虑受众群体，你所面对的客户是新装房还是改装，是盯着刚刚交楼的30%，还是交楼之后重装的。比如，立邦涂料中就有一个专门的刷新服务，其所针对的就是10年之后的服务，它的受众非常清楚。所以，关键是要改变消费者习惯，再思考这个创意怎么做。比如说，是15秒、30秒能讲清楚的，还是需要深度沟通的，需要深度沟通的是电梯海报，而电梯电视需要在15秒、30秒内讲清楚。

其次，还要学会从消费者角度考虑。如果从价格角度来看，用瓷砖铺一个卫生间也不贵，因此涂料成本低，这个肯定不是一个标准诉求。如果从视觉效果上来说，涂料可以刷出更多、更广的感觉，可以让你的卫浴生活有更广的想象力和更好的灵感，比如可以变成一幅画或者其他东西，最后显得更加高级，而不是说更便宜了。那么这就找到了涂料最能够打动消费者的地方。

最后，我想提示的是，如果你想改变消费者的消费心理，其中一个很重要的问题就是“断代”。所谓改变消费者习惯，很多时候就是创造一定的代表性，上一代人用那个，我们这一代用这个。比如小米的平板电视出来后，就是年轻人的第一台电视。

4

学员：江总的分众曾经在美国纳斯达克上市，之后又退市，我有一个疑惑，到底一个企业是否应该上市？在境内与境外上市又有什么区别？您在资本市场上风声水起，这方面我也希望能够听听您的意见，为什么上市以后又私有化？

江南春：对于企业是否上市，我认为上市很必要。因为很多创业企业都缺少资金，就像分众，基本都是靠VC支撑。分众在美国上市之后，我们又增加了很多新股，买了聚众，买了框架……逐步将竞争对手一个一个收购掉，形成了我们在市场上的垄断地位，所以上市非常重要。

分众上市后市值很高，2007年达到80多亿美元。之后，随着时代的发展，整个市场也随之发生了改变。中国的概念在美国已经很难得到理解。分众模式在美国资本市场不太被认同，因为美国没有电梯媒体，所以他们并不理解我。经过2009年金融风暴以后，我们也经历了一次大的起伏跌宕，PE一直在七八倍左右，我们一年大概赚了4亿美元，所以我们不是一个缺钱的公司。因此，从资金运用角度来说，我们走的是低位私有化、高位发展路线。所以我们的股东趁这个机会就做了从美国退市的决定。我们这种公司，不是说过不下去了才私有化，而是说一定要在取得更大利益的前提下实现私有化。如果我们在美国的PE达到15倍、20倍，我们就不会私有化。所以说退不退市，主要是看你的PE，而且要能够强有力地控制资产。

至于到什么地方上市更好，肯定是A股市场。我们到美国上市，原因是当时我们的公司成立还不足三年，上不了香港的主板。而美国有一个好处就是不管你赚不赚钱，没有盈利要求，收购兼并非常方便。中国的文化和美国存在一定的差异，如果你做的这个业务在美国不是特别红的，比如说电影公司，那么你跑到美国上市就很难取得发展，PE基本都是5倍、7倍的。而华谊兄弟就可以在中国发行很多影片。所以，从文化角度来说，我认为中国人对中国本国公司的理解程度、接受程度更高。其次，在国内做生意的影响更大。美国的上市公司除非很大，不然没人知道你是谁。而在中国A股市场上市，股民就是你的消费者。此外，中国上市的门槛也相对较高，这样对企业的发展比较好。

5

学员：江老师您好，我是做母婴产品的线下实体。关于母婴线上线下，包括精准营销和推广的O2O，您有什么好的建议？

江南春：首先，我认为母婴线上店是非常重要的，相信会是长期存在的平台。电商母婴甩购，可以吸引到很多客户，所以我认为它们正在崛起。比如在海外购中，母婴产品占据了很大的比例，海外产品当中最适合买的就是奶粉和尿片，所以母婴市场很大。母婴产品本身就是比较适于平台的产品，当前很多人都在尝试用O2O的方式和母婴店进行对接，以前是经销商，现在是去经销商化。我们都和母婴店直接对接，直接供货，去中介化。对于你们企业而言，这样未来利润分配的角度更大。

现在对于你而言，最大的难题是如何将一个店的纯粹商圈进行划分。事实上，现在你的用户基本上都是和电商共享的，在去掉经销商的过程中，为了更多地节省成本，你可能需要去掉母婴店，但是很多时候，母婴店都是直接介入交易中的。因此，我建议你在发展线上店的同时，还需要存储一定量的货物。这样，有了订单以后，你就可以直接发货，甚至可以安排一公里送货服务，也可以一小时送货到家，这些都是可能的。

6

学员：我是做婚纱摄影的，怎么投放？

江南春：关于婚纱摄影，做得最好的媒体是电影院。因为去电影院看电影的，很大一部分是情侣。如果你的店在这个城市里有很多家连锁店，那么就把电影院的投放做强，尽可能多地建立和电影院的联系。如果你的店在这个城市里只有一家，就做好在你周边几个电影院中的宣传投放。因为大家看电影通常也是就近原则，拍婚纱也会就近。所以，电影院人群要对，商圈也要对，这是最好的。

重新梳理品牌定位后，公司营收增长了40%

520珠宝品牌创始人　叶垂林

很高兴加入江老师在黑马开设的“营销定位实验室”。通过学习，我受益匪浅，最大的收获是明白了品牌定位是战略的核心。品牌要想经久不衰，就必须拥有人心，抢占消费者的心智，找对时间窗口，围绕公司的定位进行饱和攻击。

回到公司后，我对520珠宝的品牌做了深刻反思。当时，520珠宝的定位是“米兰婚戒主义”。江老师认为，这个品牌定位太空泛，没有重点：一是“520”品牌跟米兰婚戒关联性不强，二是什么是“米兰婚戒主义”，对消费者的教育成本太高了。在江老师的指导下，我们重新梳理了品牌，定位于“一生一世承诺钻戒”，围绕“承诺”和“1314”展开营销。

同时，我们也从原来传统的珠宝品牌转型到聚焦产品或者品类上，相对过去同质化的产品转变为只做差异化产品，把产品做“深”、做“窄”，不再全品类铺设。在渠道上，我们也从原先自建渠道转变为向成熟珠宝商赋能。调整后的市场效果非常明显，公司营收增长了40%。在此，我要衷心感谢江老师的用心辅导。

我找到了企业没有做大的原因

北京良植化妆品有限公司创始人　申俊

在黑马开设的“营销定位实验室”里，江老师对每个同学的企业都进行了诊断，同时讲解行业案例，让我受益匪浅。上课前，我很重视渠道，没那么重视品牌，没有重视如何抢占消费者的心智。通过学习江老师的思维方式、思考维度、过程分析和决策判断，我的视野和思维开阔了，也学到了很多做品牌的方法论，对品牌定位有了更深刻的认识。

通过一年的学习，我感觉自己对行业的认知还不够深入，对产品的定位还不够精准，从战略到战术的整体计划还不够清楚。江老师告诉我们，要么封杀品类，要么找到新特性。我们做不到封杀品类，所以只有尽快找到品类的新特性。于是，我们重新思考客户的需求：客户为什么选择我们的产品？我们为客户创造了什么价值？带着这些启发，我们正在优化品牌定位、产品架构和市场策略。

此外，我还通过参加“营销定位实验室”找到了企业10多年来一直没有做大的原因：第一，只会低头做事，不会抬头看天，这导致自己无法成为优秀的企业家；第二，企业只关注内部，不关注外部，缺乏整体的战略部署。江老师说，外部远比内部重要得多，如果只有内部运营，那就是闭门造车，运营外部才是企业的生存之道。江老师除了具有高瞻远瞩的思想、高效的工作方法，还一直保持着创业者的拼搏精神。这些优秀的品质，对我和其他同学都产生了非常积极的影响。

江老师帮我们建立了品牌营销方法论

魔方网聘（北京）科技有限公司创始人　郝耘琦

江老师是一个很通透的人，任何问题都直击要害，一字一句都充满画面感，我总能被他带动得热血沸腾。跟从江老师学习期间，我的收获很多，其中最大的收获就是在定位和传播上建立了认知框架。

魔方网聘的产品是招聘服务，很难做标准化定义，所以第一次课上就被江老师指出产品名字和定义有问题，这对魔方微猎后来的定位产生了很大影响。前两次课程，江老师重点帮我们梳理了定位、价值主张，以及核心竞争力打造，解析了战略路径的选择。下半程课程，江老师又帮我们对名字、卖点、故事、传播、PR（公共关系）、广告的递进关系和使用进行了梳理和总结，每一个动作都具有针对性，为魔方微猎连续高速发展建立了品牌营销方法论。魔方微猎也从最初只是做在线面试的工具进化到全国最大的针对中基层岗位的云招聘平台，2017年为企业招聘入职员工12万人。

借此机会，我要再次感谢江老师的悉心教导和指点，也感谢黑马牵线搭桥促成师生姻缘。

师父教给我“三资”投资法

北京微赢互动科技有限公司CEO、伙伴基金创始人　李佳宇

师父点拨画睛龙，
茅塞顿开思路通。
紧跟恩师战略图，
春风化雨事业红。

我们都叫他（江老师）师父。师父收了20个来自不同行业的弟子，我是其中最与众不同，也是收获最大的弟子之一。其他弟子都是创业成长期，或跟师父有业务、产业链融合的机会，而我是唯一一个走过资本化的人。我是做互联网营销的，2015年我的公司就已经上市了。我参加黑马开设的“营销定位实验室”的初衷是想通过学习，一方面让自己的公司加强品牌营销，另一方面是因为2016年我们开始做投资，师父也做投资，我想学习围绕产业链布局的投资法，看师父如何点拨和判断这20个弟子的项目。

师父了解了我的情况，让我做他的助理。每次师父点拨其

他弟子项目的时候，我做整理性的工作。一开始，整理几乎是两天两夜，每次我都要把三四个小时的录音听两三遍，把师父给学员的点拨、精华提取出来，而且还要加入自己的建议。因为我既创业也投资，比较能理解师父的表达方式，把师父高大上的语言翻译成同学能听懂的语言。当时我还抱怨过，但是当我做完之后，我发现这些东西对我帮助特别大。师父跟我说："佳宇啊，上分众传媒打广告，你以为就是给客户上个电视吗？因为客户的整个策划案我们都要出，就必须得去理解客户公司的情况、基调、打法，以及未来的战略方向。了解之后，我们才会给客户出策划案，而且有的策划案我还亲自参与，比如瓜子，那是我亲自参与的。"

在这个过程中，我学到了师父的思维方式：如何思考不同于本行业的项目，如何去看待项目，如何看待行业发展，以及如何对标同类型的公司。

通过学习，我总结出了师父的投资方法，即"三资"：资金、资源、咨询。

第一，任何事情都适合产业投资法，虽然有的项目跟你的行业不相关，但是你可以通过"桥梁"的方式跨过去。

第二，不能像原来的投资公司那样只做尽调，而是要成为被投项目的朋友和"眼睛"，与他们一起思考公司的战略发展和战术打法，帮助他们梳理财务、组织架构等；同时调动身边各方面的资源，结合自己的产业链，帮助这家公司发展。

第三，每条创业路上都有10万个“坑”。师父是踩过这些坑、趟过这些雷的人，会指导创业者如何避免这些坑。

整个学习过程中，我努力跟师父站在同一个思维逻辑、同一个高度上去思考事情，所以学习的收获非常多。

江老师三次帮我绕开了“坑”

楼小易创始人 赵子侃

我们做的是楼宇快递分发，就是把楼里的所有快递集中起来由我们统一服务，相当于一个快递收发中心。而江老师的课，三次让我们避免了走弯路。

第一次，我们最早是想做所有楼宇，包括企业办公楼、写字楼、单位楼。江老师认为这个商业模式有比较大的问题，并指明写字楼不行，要率先做企业办公楼。我们听了江老师的建议，放弃了写字楼。现在来看，原来探索写字楼这块领域的很多都已经倒掉了，但我们还在生存并且站住了脚，避免了无谓的投入。

第二次，我们想依托快递做增值业务，比如团购电商等。江老师认为不要过早做服务，还是要把精力集中在盲点的拓展上，扩大规模。这又一次让我们避免了在增值服务上的一个大坑。

第三次，2017年9月课程结业的时候，江老师对于我们探索社区的方向进行了有价值的引导，让我们探寻出了一条可行的道路。江老师认为社区很有前景，服务的客户和需求更多，业务规模也更大。此后，我们始终坚持做社区这个方向，公司走上了一条快速发展的正确道路。我们现在一个月签约社区的速度是原来做企业时一年的速度。

江老师经历的多，看的项目也多，能敏锐地发现商业模式里的问题，所以他在给同学们诊断的时候，能给出非常重要的建议，帮助我们少走弯路。

“找酒庄”模式的迭代之路

“芭黎之花 · Fleur De Paris”品牌创始人　武运平

未曾见面之前，自以为以江老师的资历至少应当是50岁出头，见面一聊才知晓竟与我同年，震惊之余更是敬佩。

江老师是个渊博善谈的演说家，每次课上都是口若悬河、旁征博引、谈论古今，诗词歌赋、神话传说、逸闻趣事也是信手拈来。经常是聊到午夜12点，我们这些学员都精力不足了，江老师却仍是神采奕奕，可见老师不但是得心应手，更是乐在其中。

可能是做传媒的原因，江老师对各个行业和各种企业的成败案例都了如指掌，在消费升级、产业转型等方面也有独到的见解。他能快速指出同学们在商业模式上的问题，并帮助大家梳理项目、指引方向。

我所创立的项目有幸得到了江老师的三次指导。最开始的“找酒庄”项目只是为了解决中国小酒商进口难的问题，由“找酒庄”帮助中国小酒商直接向国外酒庄购买葡萄酒。“找酒庄”不赚取中间差额利润，只向两端收取适当服务费用。江老师听后表示，“项目不错，但120天周期太长，长周期会影响信任感，也会增加操作难度”。由此，大幅缩短到货周期的“跨境名庄”优化而生。“跨境名庄”以中国内地零售价一半的价格，将香港每年约50亿港元的名庄酒通过跨境电商的方式卖给内地消费者。但B2C的模式投入大、周期长、回报慢，进而迭代为“找酒科技”，具体模式是：把国外酒庄仓库搬到中国保税区，800万瓶现货，下单10天交货，与原产地同价。该项目一经推出便在市场上引起了强烈反响，有望在两年内成为业内的领跑者，实现盈利2000万元；在第三年销量达到3000万~5000万瓶，成为进口葡萄酒的“独角兽”（进口量超过第二至第十名的总和），销售额突破10亿元，纯利3000万元以上，同时准备IPO。

马文俊 小帅智能科技股份有限公司创始人

小帅智能科技股份有限公司是一家由海尔集团孵化而生的互联网公司，由一帮爱看电影的80后组成，以“建立第2院线，打造中国最大的泛影视娱乐互联网移动发行平台”为目标，提供智能投影设备和酒店影音系统标准化服务。

崔佳 徐州苏宠宠物用品有限公司创始人

全球最炫的宠物公司！宠当家——中国宠物行业O2O先行者，线上品牌有宠当家App、迈仕天猫专营店和疯狂的小狗旗舰店，线下有宠当家宠物大卖场、自有品牌疯狂的小狗和迈仕宠物食品，共同打造全球最炫的宠物公司。目标是成为集电商、宠物美容连锁、宠物酒店连锁、宠物医疗连锁、宠物社交为一体的宠物品牌。

吴展雄 深圳市眼界科技有限公司创始人

深圳市眼界科技有限公司（EMAX）于2015年初成立于深圳，是国内首批自主研发虚拟现实（VR）技术的前沿科技创新企业，是首家VR互动传感随动设备的提供商，也是第一家实现VR商业化的科技公司。通过“乐园+产品＝体验+销售”模式，强势占据线下入口与线下流量，联动线上新媒体运营与渠道销售，引领爆发式增长。

刘闻波 广州米豆信息科技有限公司创始人

“1号货的”是广州米豆信息科技有限公司开发的免费找车拉货的移动互联网产品，其充分利用互联网的优势，整合闲置货车的实时位置信息，发布货主的实时货运需求，让货车跟货主直接对话，减少中间环节，解决找车难、找车贵的问题。“1号货的”核心价值在于提升找车效率，降低物流成本，增加司机收入。

黄佳洋 深圳市图灵机器人有限公司创始人

公司专注于语音领域和深度学习的人工智能技术，包括声纹分析、语义理解、话者识别，应用方向有语音测评、对话质量分析、智能客服等。

李佳宇　北京微赢互动科技有限公司CEO、伙伴基金创始人

天使阶段成功投资了微传播、畅想游戏、众巢医学、乐摇摇、凉屋游戏、淘乐思等知名项目，并参股了网络红人项目“网星梦工厂”、“网络英语教学”阿卡索、国内首个配音电商平台“叮当配”、智能售货终端“友朋”、解决最后一公里快递的“楼小易”、高端零食定制“嗑了么”、共享领域“畅格文化”等多个优质项目。

庞浩　上海新概念保险经纪有限公司创始人

互联网保险经纪公司拥有全国保险经纪网销牌照，专注于企业保险服务，帮助企业分担风险、流量变现。公司用创新的系统解决保险出单、比价、理赔等痛点，年增长500%，至今服务近10万家企业，保费过10亿元。公司还吸引盛大资本、纽信资本数千万元的投资，并致力于改善国人保障。

叶垂林　520珠宝品牌创始人

520珠宝隶属于上海臻情珠宝有限公司，成立于2015年5月20日。品牌以爱之命名，以“一生一世承诺婚戒”为理念，坚持以原创设计和匠心工艺打造中国殿堂级珠宝品牌。

以色列国宝级珠宝首饰艺术家阿米塔伊·卡夫（Amitai Kav）担任品牌首席设计师，是美国“图森珠宝设计大师奖”五位获奖者之一，欧洲王室成员、国际名流都曾佩戴过他设计的作品，也有许多明星纷纷在杂志、时尚大片中选择520珠宝作为时尚佩戴。

朱文焘 深圳市百思易科技有限公司创始人

专业、细分的汽车行业SaaS（软件即服务）企业。

武运平 “芭黎之花·Fleur De Paris”品牌创始人

芭黎之花是国内知名的进口葡萄酒公司，创始人经营进口葡萄酒18年，拥有中国“芭黎之花”和法国“Fleur De Paris”的知识产权。现打造新模式“找酒庄”科技，把国外酒庄仓库搬到中国来，把原来国外葡萄酒进口时间从120天缩短到10天。本项目第一年就能使公司成为中国最大的进口葡萄酒销售公司，第三年能实现5000万瓶以上的交易量，销售额10亿~15亿元，纯利润5000万元，计划IPO，“找酒庄”团队成员30人左右。

黄金同 贺天下控股集团股份有限公司创始人

公司致力于中国酱香白酒传统酿造工艺的传承与发掘，以“传承发扬东方酒文化，服务高品位现代生活”为使命，将中华传统文明积淀与现代人们的高端品位、时尚审美相结合，努力成为中国酒文化发展进程中积极的推动者和中国白酒消费市场上新一代高品位健康白酒的典范。

张铭磊 上海侃房网络科技有限公司（小胖看房）创始人

“小胖看房”是上海专业的购房自媒体兼社群，累计为2万余名购房者提供专业顾问服务和房源推荐，同时也是上海最大的房地产广告代理公司，帮助开发商快速获取精准匹配的客户，促进成交。

魏普照 拜登集团创始人

拜登集团是国内综合性住宿品牌管理运营商，聚焦大住宿行业，立足房地产后市场，秉持服务客户、携手发展的原则，精心打造高性价比的住宿产品，致力于做房地产库存去化以及住宿行业升级的领航者。拜登集团旗下管理运营公寓品牌“拜登公寓”、酒店品牌“瑞普兰顿”及其子品牌。

曾克庆　南京金融资产交易中心创始人

旺财谷（www.wangcaigu.com）是专业的应收账款融资与理财平台，是由南京易投贷金融信息服务有限公司运营的互联网金融F2B（工厂对商家）平台，以信息撮合为核心，一端对接有投资理财需求的各类理财者，提供安全、便捷、收益可观的理财产品，一端对接有融资需求的中小微企业，提供专业、便捷、高效的融资渠道，推动直接融资，践行普惠金融，助力中国实体经济的发展。

杨济铭　湖南天然工坊电子商务有限公司创始人、董事长

湖南天然工坊电子商务有限公司以“天然环保、健康实惠”为理念，致力打造一家“只做天然好产品”的绿色企业。天然工坊旗下的“竹妃”品牌竹纤维系列纸巾，采用100%天然慈竹竹浆生产。天然工坊自2015年12月18日上线以来，一直受到广大消费者的追捧，半年时间会员激增到500多万，2年时间会员达2000万。

郝耘琦　魔方网聘（北京）科技有限公司创始人

公司以确保企业方找到最合适的人才为目标，为求职者和招聘方提供“互联网+面试”的全流程深度招聘服务。

赵子侃　**楼小易创始人**

楼小易是以楼宇末端快递共享交付为切入口的LBS（基于位置的服务）+ O2O社区营销和分发新通路。

楼小易从使用频率最高的快递分发切入，帮助各家快递公司统一完成最后100米的交付，节省人员，降低成本。公司已经服务合作了招商局物业、金地物业、网易、北汽集团、美团、中国国旅、今日头条等多个500强企业办公楼和30余家中高档社区。

申俊　**北京良植化妆品有限公司创始人**

“良植”品牌由北京良植化妆品有限公司出品，是一个专注植物养发的民族品牌，谐音“良知”，代表了良植品牌做人、做事、做产品的态度。

北京良植化妆品有限公司已入驻国内最尖端生物医学产业园——中关村医学工程转化中心，并与北京创领化妆品实验室等多家研发机构合作，依托强大的科研实力和成果，提出了以“养发”为核心的全新洗护行业解决方案，旨在打破洗护行业被国际巨头常年垄断的现状，是做植物养发行业的践行者！

王思远　汉狮影视广告公司、易拍即合TVCBOOK创始人

创始人有20多年广告行业经验，历任奥美、电扬等国际4A广告公司创意总监。2003年，王思远创立汉狮影视广告公司，独创“心智链接”传播理论，带领汉狮成为中国规模最大、创意力量最强的影视广告公司，并管理汉狮北京、上海、广州、香港4家公司。2017年底创立汉狮影视传媒有限公司，获得华夏幸福影视产业基金A轮数千万元的投资，在大厂影视小镇规划4亿元的落地投资，布局整个影视广告制作基地及线上影视广告社区。

张育麟　青岛大拇指供应链科技有限公司创始人

第一化学网致力于打造全球最大的化工交易平台，让化工交易更简单，促进国际化工品的流通和高效的资源配置，为中国众多的中小化工企业提供进出口交易帮助、贸易融资及平台推广服务。